FRANCO–PHONICS, etc.

Chester W. Obuchowski
University of Connecticut

UNIVERSITY
PRESS OF
AMERICA

Lanham • New York • London

Printed in the United States of America

British Cataloging in Publication Information Available

Library of Congress Cataloging-in-Publication Data

Obuchowski, Chester W.
Franco–phonics, etc. / Chester W. Obuchowski.
p.   cm.
Includes index.
1. French language—Pronunciation.   2. French language—Study and
teaching—English speakers.   I. Title.
PC2137.028   1989   448.3'421—dc20   89–35583 CIP

ISBN 0–8191–7535–8

This book is dedicated with much love to Wanda,

Lorraine, Janice, Edward,

Dennis, Bert, Nette,

Alan and Jennifer

ACKNOWLEDGMENT

It is a pleasure for me to express my profound gratitude to Professors Marie Naudin and Jean Kempf for reading sections of my manuscript and for their fruitful suggestions.

TABLE OF CONTENTS

INTRODUCTION

My purpose in writing <u>Franco-Phonics, etc.</u> is to make available to high school and college teachers of French a number of worthwhile instructional devices which appear not to have received their due in the classroom. Like everybody else who labors in the linguistic vineyard, I have always hoped for a bounteous harvest and never found it easily attainable. In my teaching of French, I have, therefore, tried a considerable variety of techniques and devices, understandably finding some to be markedly more appealing than others to my students. In this connection, it has struck me that almost invariably the use of a sentence containing a heavy concentration of a given sound to afford practice in its pronunciation sparks unusual interest and often generates comic leavening. Students do indeed enjoy repeating such sentences, individually and in chorus, particularly those that qualify as bona fide tongue twisters. I have also been struck by the surprising paucity of such sentences in grammars and even in manuals on phonetics despite their indisputable pedagogical value. Thus, it is to fill this lacuna that I have composed the hundreds of such sentences that are the principal component of my book. I have not, however, aimed at comprehensiveness, choosing rather to focus on most of the sounds with which the student of French must deal. The large number of sentences listed under many of the headings will enable a teacher to select those that are most useful for his or her purposes. Clearly, the length and/or lexical complexity of some of them render them suitable for use exclusively in upper level classes. I, for my part, have employed sentences of this sort mainly for remedial purposes.

Impressed by the enthusiastic acceptance, by students, of phonic concentrations, I have also invoked the concentrative approach in some of the sections that follow the phonics portion of this book, striving to inject, where possible, a dash of humor. To state the obvious, students welcome lighter interludes in the often brain-numbing business of language learning.

It is my fond hope that <u>Franco-Phonics, etc.</u> will contribute in some measure to the enrichment and enhancement of the instruction of French. Except where otherwise indicated, all of the illustrative items contained in it are of my own creation.

Part One
Phonics Practice

ã

1. Clément manque à Clémentine; cependant, Clémentine ne manque pas à Clément.

2. Dans la blanchisserie, Blanche Blanchard blanchit soudain quand Leblanc la regarda dans le blanc des yeux.

3. Embrasser un embrasseur notoire embarrasse Blandine Brasseur.

4. Le prétentieux prétendant d'Henriette Henry est un grand savant.

5. Cet ambitieux marchand ambulant a grande envie d'épouser une harengère de Fécamp. (Seine-Maritime)

6. C'est étrange: ces harengs blancs ne sentent pas mauvais.

7. Homophones: sent, cent, sans, sang

8. Charpentier, le charpentier bien charpenté, est mécontent de la charpente.

9. Dans l'ensemble, l'ensemblier Ancel semble content du plan.

10. Boulanger, notre boulanger, ne rentrera pas de vacances avant septembre.

11. La marchande Lemarchand entre en transe quand Bonargent commence à marchander.

12. Fernand semble prendre ce paysan de Chantecoq pour un grand enfant. (Loiret)

13. Une grande quantité de foin est engrangé dans la grande grange des Granger.

14. L'adjudant Guerrand ordonne au sergent Sergent de rentrer le ventre.

15. Le vaillant Roland Tranchant nous rappelle que la guerre de tranchées n'était guère amusante.

16. En tempérant son langage, Antoine Dantan fera pencher la balance en faveur de sa candidature.

17. Quel étrange mélange de langues s'enseignent ici!

18. Cet enfant allemand apprend le français à Nancy. (Meurthe-et-Moselle)

19. Plus de cancans, Fanfan, entrons dans la danse.

20. Les Chamant entendent-ils les chants des enfants anglais?

21. Chantal Lechantre chante souvent à Chantilly. (Oise)

22. L'angélique Angélique Angel chante angéliquement l'angélus.

23. Les Dinand passent le dimanche de Pentecôte à Dimancheville. (Loiret)

24. Adam a entendu dire que Maxence Maxant s'était amendé il y a longtemps.

25. Franchement, la franchise de Françoise m'embête.

26. Ce dandy de Nantes prend de grands airs. (Loire-Atlantique)

27. Delalande se défend d'offenser les grands propriétaires des Landes.

28. Dans son enfance, Laurence s'enfermait souvent dans sa chambre pour embêter ses parents.

29. Madame Durand attend un enfant.

30. De temps en temps la petite Yolande joue à la maman.

31. Mon enfant, penche-toi en avant pour que grand-maman t'embrasse.

32. La grand-tante d'André Andreu est grandement logée à Angers. (Maine-et-Loire)

33. Les Bonnemaison habitent une cabane en planches dans les Flandres.

34. Les Grandjean manquèrent leur rendez-vous avec les Grandemange à Grandchamp. (Yonne)

35. Les Champigny cueillent des champignons et des fleurs des champs durant leurs vacances en Champagne.

36. Le gendre des Legendre n'engendre pas la mélancolie.

37. Armand Amand mange des amandes sous l'amandier.

38. Christian Decramp a des crampes dans les jambes.

39. Des méchantes langues prétendent que Madame Languille languit à Chambéry entre ses quatre murs. (Savoie)

40. Pansard, penses-tu que le temps pansera les blessures de ce pensif penseur pansu?

41. Autant en emporte le vent -- Title of the French version of Margaret Mitchell's novel Gone with the Wind

bs (ps) and bt (pt)

1. On ne subsiste pas de promesses. La faim n'est pas une abstraction. Il faut absolument qu'on pourvoie à la subsistance de la famille Absil.

2. Je me permets une observation peu subtile: ce petit garçon qui s'obstine à dire des obscénités et à faire des gestes obscènes quand il se sait observé est un enfant qui a des problèmes.

3. Abstenez-vous d'interrompre Albertine. C'est absolument défendu pendant qu'elle s'absorbe dans sa méditation.

4. Olivier Obsie refuse obstinément d'observer cette règle absurde.

5. Abel a absous ce bonhomme d'Obsonville qui avait par inadvertance substitué sa valise à la sienne. (Seine-et-Marne)

6. Son esprit n'est plus absent. L'absinthe ne l'obsède plus; il s'en abstient absolument.

7. Subséquemment, ayant employé un subterfuge pour franchir les obstacles bureaucratiques, Absalon a obtenu un subside.

ç

1. Avançons à Avançon pour rendre visite au maçon Masson. (Ardennes)

2. Le garçon de Besançon au nom imprononçable travaille comme un forçat. (Doubs)

3. C'est ça. Françoise François habite les Açores, où elle donne des leçons de français.

4. -- Comment va ton ami sans façons, Jean Le François?
   -- Couci-couça.

5. Suzy a des souvenirs ineffaçables de ses fiançailles avec son commerçant.

6. Quel garçon! Le commandant a commandé un curaçao et il lui a apporté un whisky avec des glaçons!

ch: (ʃ)

1. Les châteaux de Chambord, de Chenonceaux et de Chantilly sont archiconnus.

2. Chut, Charles; Charlotte joue du Chopin.

3. Charlot, approche ta chaise de la table. On va s'exercer les mâchoires sur cette pizza aux anchois.

4. Michel et Michèle Michelet aiment jouer à cache-cache avec Charles et Chantal Chantard.

5. Un vacher de Vachères a fait une vacherie à une vachère de la Vacherie. (Alpes-de-Haute-Provence, Eure)

6. Quelle vache a tué la vache -- Tuvée, Tuvel ou Tuvache?

7. -- Ça biche, ma bichette?
   -- Non, ça ne biche pas du tout, mon bichon: malgré tout son bachotage, notre Natasha a raté son bachot!

8. Chérie, cette choucroute fait venir l'eau à la bouche.

9. Ma petite chatte, tâche de ne pas te tuer à la tâche à Villechétive. (Yonne)

10. La chienne Chipette et le chat Moustache sont fort attachés aux châtelains et au château.

11. Le chien de manchon de Rachel sera au chenil durant son voyage en Chine.

12. La chemisette de l'archiduchesse sèche dans le séchoir.

13. L'archiduc avachi à la barbiche blanche ment comme un arracheur de dents en prétendant être un descendant d'Archimède.

14. Chez quel chausseur de Chambéry vous faites-vous chausser, Madame Chaussade? (Savoie)

15. "André, le chausseur sachant chausser." -- Advertisement

16. Madame Chauchard acheta des chandails et des châles magnifiques à Chang-Haï pour une bouchée de pain.

17. Les charmes de la très charmante Mademoiselle Ducharme ont conquis le charmeur de serpents.

18. La chance sourit à Chantal: un architecte autrichien aussi attachant que millionnaire lui fait la cour.

19. Le boucher Mouchoux ne se mouche pas du coude.

20. Painchaud n'est pas un boulanger riche, c'est un bûcheron qui a dix bouches à nourrir.

21. Ce chimiste chichiteux vit chichement à Chichée. (Yonne)

22. À Dimancheville, dimanche passé, j'ai entendu Beauchamp dire à Duchamp que Deschamps mène une vie de pacha. (Loiret)

23. Ces chasseurs ne chassent jamais sans chiens de chasse.

24. Chut! ma soeur bûcheuse bûche sa biochimie.

25. Notre chef chenu de Cheffes n'est jamais échevelé. (Maine-et-Loire)

26. Fichard, regardez ce fichiste de Ficheux. Fichtre! il n'a rien fichu de la journée! (Pas-de-Calais)

27. Le moment décisif approche, mais, franchement, le cabochard Bochard ménage la chèvre et le chou.

<u>ch</u> (k)

1. Christophe est psychiatre; Christine, psychologue.

2. Quelque pachyderme a écrasé les chrysanthèmes de Chrétien Christiane.

3. Cet échotier machiavélique doit avoir des chromosones bien bizarres.

4. Cet ancien archéologue vit comme un anachorète à Munich.

5. Les membres de la chorale font chorus pour donner un concert à Zurich.

6. Pourquoi ce choriste charismatique a-t-il apporté une corbeille d'orchidées?

7. "Synchronisez vos chronomètres," ordonna le maître technicien.

8. Que penser d'un chroniqueur qui n'a aucun respect pour la chronologie?

Circumflex

1. Trop de hâte gâte tout. -- Proverb

2. Encore du gâchis parce que ce gâcheur fait tout à la hâte.

3. Ce plâtrier de Mâcon ne mâche pas ses mots. "Je vais châtier l'âne responsable de ce gâchis!" cria-t-il. (Saône-et-Loire)

4. Tâchons de ne pas nous tuer à la tâche à la Tâche. (Charente)

5. La châtelaine tâte le pouls du châtelain malade.

6. Ce crâneur bien bâti s'opiniâtre à faire des âneries: cette fois il a lâché son mâtin après un chaton.

7. La petite Élisabeth fait la tête parce que le maître lui a dit d'arrêter de faire la bête.

8. Tu aurais dû entendre le prêchi-prêcha de ma mère quand mes petits camarades de jeu ont jeté tous mes joujoux pêle-mêle.

9. Après des heures de pêche stérile, les pêcheurs s'arrêtèrent à une crêperie de rêve à Angoulême. (Charente)

10. Qui est ce type à la tête chaude en tête à tête avec la dame en noir à taille de guêpe?

11. Cela te gênerait-il d'informer ce fêtard embêtant que nous ne voulons pas qu'il soit de la fête?

12. Dufrêne plante un chêne pour fêter le baptême de Marlène; Deschênes avait planté un hêtre pour fêter celui d'Hélène.

13. Didier dit qu'il a dîné d'huîtres délicieuses dans un restaurant de l'île de la Cité.

14. S'il traînasse, l'ouvrier qui travaille à la chaîne provoque inévitablement une réaction en chaîne fort nuisible.

15. L'entraîneur de notre équipe de football américain s'arrache les cheveux parce que deux de ses meilleurs athlètes se sont déboîté l'épaule et trois se sont déboîté le genou en s'entraînant.

16. Loin de moi l'intention de les traîner dans la boue, mais il faut avouer que l'aîné des Desanges n'est qu'un traîneur de cafés et que l'aînée, qui croît en beauté, croît davantage en stupidité.

17. Entraîné dans un piège tendu par une entraîneuse, cet homme politique, hier au faîte de la gloire, touche aujourd'hui le fond de l'abîme.

18. Notre hôtesse nous a servi un rôti de porc drôlement délicieux.

19. Jérôme est fier de sa moto Gnôme et Rhône.

20. Ce môme de Tôtes a frôlé la mort sur la place Vendôme. (Seine-Maritime)

21. "Ôte-toi de là si tu ne veux pas te retrouver en tôle!" cria le gendarme au rôdeur.

22. Le lendemain de la Pentecôte, l'hôtelier et l'hôtelière visitèrent le vignoble Côte-Rôtie des Côtes du Rhône.

23. Encore un jour chômé et payé? Ça côtoie le ridicule! Clôturons la discussion!

24. Bruno s'est brûlé les doigts en allumant la bûche de Noël, mais ses brûlures ne sont pas graves.

25. Cette tête brûlée si sûre de soi brûle tous les feux rouges.

26. Chère bûcheuse, goûte de ma croûte au fromage; tu pourras continuer à bûcher après avoir cassé la croûte.

27. Mureau mûrit la question et décida que le petit gosse était mûr pour la récolte des mûres sauvages.

28. Suret est sûr que c'est après mûre réflexion que le flûtiste hirsute décida d'acheter un rasoir de sûreté.

29. Le plus sûr serait, bien sûr, de vous faire une piqûre d'insuline.

Diaeresis

1. Caïn, Caïphe, Isaïe, Moïse, Nathanaël -- Biblical figures

2. "Caïn, Caïn, qu'as-tu fait de ton frère?" -- Old Testament

3. Ce tabloïd était publié à Saïgon.

4. Le faïencier haïtien a chassé le chat Naïf de sa faïencerie.

5. Joël et Joëlle ont ouï dire que Noël et Noëlle se haïssent mutuellement.

6. C'est une héroïne peu héroïque qui s'adonne à l'héroïne.

7. "Aïe!" cria le peu stoïque Raphaël Raës quand le dentiste lui fit une injection de novocaïne.

8. L'héroïque petite Héloïse Baïsset va subir une adénoïdectomie.

9. Quelle coïncidence! Ma cousine Adélaïde et moi nous nous sommes trouvées dans des chambres d'hôtel contiguës en Thaïlande.

10. Le coïnculpé se cache-t-il à Taï-Pé ou à Hanoï?

11. Hawaïen de naissance, il est à présent un grand caïd à Port Saïd.

ε

1. Marcel a un problème: celle qu'il aime n'est pas celle qui l'aime.

2. Ève Estève aime Abel Lebel, n'est-ce pas?

3. Dénuée elle-même d'affectation, la lectrice Annette affectionne le lecteur aux manières affectées.

4. Certes, cet estimable Espagnol ne cesse d'escorter cette midinette de Cesse. (Meuse)

5. Trêve de bêtises, Juliette! Plus de tête-à-tête en cachette avec le têtu qui t'a tourné la tête!

6. Sa mère ayant fait pression sur elle, la presseuse de vêtements se presse de terminer cette mauvaise affaire.

7. De quel pêcheur de perles cette fille de Perles a-t-elle reçu un collier de perles? (Aisne)

8. Durant son service, la serveuse se laisse serrer par le serveur Serge! Où a-t-elle la tête?

9. Vervelle, qui se sert de vers de terre pour pêcher, a rapporté une belle pêche.

10. Vert récite des vers de Verlaine au maire de Ver. (Manche)

11. Prosper, il est clair que ta mère espère que ton père prospère.

12. Tel père, tel fils. -- Proverb

13. Qui terre a guerre a. -- Proverb

14. Huguette, achète deux baguettes après la messe.

15. Avant d'aller se baigner dans la mer, les Baignère s'achètent des beignets et une pastèque.

16. Qui fait les frais de ces pêches fraîches?

17. Adèle, sers des bretzels à Estelle.

18. Malade, elle rêve de crêpes et de fraises à la crème, mais elle est à la diète.

19. "À la guerre comme à la guerre," conseille Guerrand.

20. Quel être! Il se sert de la fourchette du père Adam pour manger de la romaine.

21. Les Fresse fêtent la Fête des Mères à Fressenneville. (Somme)

22. Duchêne plante un frêne pour fêter le baptême d'Arsène.

23. Zette fait fête à tous à la fête champêtre.

24. Agnès Jabès accepte d'être de la fête.

25. Cette vachère de Vacheresse est une personne de ta connaissance, n'est-ce pas, Bernard? (Haute-Savoie)

26. Le Belge Bêchard cesse de converser avec Céleste pour bêcher la terre.

27. Hector, pourquoi ce mec de Mecquignies s'humecte-t-il tellement les lèvres? (Nord)

28. Madame Besse confesse qu'elle a donné une fessée à Daniel à Fessevillers. (Doubs)

29. Est-ce possible que Claire Clerc ait aperçu un cerf dans une clairière de la forêt de Clermont? (Oise)

30. Il est clair que la grêle a endommagé la serre de Serge Serre.

31. Tel ou tel vous dira que Sellier, le sellier, va sceller ce pacte dans sa sellerie.

32. La coquette Josette n'est pas prête à porter du prêt-à-porter.

33. Pernette Pernelle présente à la perfection des vêtements de confection.

34. La belle belle-mère de Belle Labelle paraissait très nerveuse hier.

35. La mère du maire Lemaire est amère parce qu'il cède toujours à l'appel de la mer.

36. Maître Bessette, vous êtes bien aimable de graisser ma vieille bicyclette.

37. Maître Mestre promène sa chienne Follette dans les rues de Messy. (Seine-et-Marne)

38. Notre ancienne cheftaine met sa chienne Chipette à la chaîne.

39. Bess, quelle est l'adresse d'Inès à Brest? (Finistère)

40. Gertrude ramène Germaine du Maine dans sa camionnette vieux modèle.

41. Odette Ethe est experte à faire des dettes.

42. Pierre à pierre, Pierre Lapierre bâtit une maisonnette de pierre pour Pierrette et Pierrot.

43. Ernest Erner mettra ses lunettes pour faire l'appel.

44. La très intellectuelle Joëlle Joël va se soumettre à toute espèce de tests le treize mai.

45. Naturellement, Alexis, le lexicologue par excellence, dissèque chaque mot du lexique.

46. "Par exemple! Silvestre exerce le privilège d'exercer son esprit à mes dépens!" s'exclama-t-elle.

47. --Qui-êtes-vous?
--Un quêteur en quête de pèze ou de chèques.

48. Votre Excellence, acceptons exceptionnellement cette exception.

49. Gros bêta que je suis, dans quelle poche ai-je mis la pochette d'allumettes?

50. Plutôt bête, cette personne cherche à persuader ses collègues que leur chef est un escroc.

ə

1. Si je ne me trompe, Detour est de Lille, et Delille est de Tours. (Nord, Indre-et-Loire)

2. Lebreton, le Breton bretonnant, fut piqué par un frelon.

3. Madame Lenormand revient de Bretagne ce soir.

4. René Renaud conduit sa Renault de Grenoble à Besançon. (Isère, Franche-Comté)

5. Menard, nous tenons à te redire que tu seras toujours le bienvenu aux Menus. (Loir-et-Cher)

6. Selon ce petit de Petitmont, tout le monde le regarde de travers. (Meurthe-et-Moselle)

7. Letourneau ne sera pas de retour de Venise vendredi.

8. Ce chemisier fera son chemin dans ce trou.

9. Je te jure que je reprise les chaussettes de ce chemisier.

10. Debout devant la cheminée, le cheminot chenu disserte.

11. Ce relieur reclus fait renaître les espérances de la relieuse relativement recluse.

12. On me dit que le receveur refuse de se mesurer avec le menuisier.

13. Recru de fatigue, le recruteur redoute de redevenir malade.

14. Cette recrue redoutable ne recule devant personne.

15. "Un homme est toujours au-delà de ce qu'il fait." -- Situations, Jean-Paul Sartre

16. Le cavalier Chevalier regrette de ne plus pouvoir bien se tenir sur son cheval.

17. Leriche ne peut pas se tenir de rire de la chevelure ridicule de cet homme chevaleresque.

18. Benoît Besacier besogne pour ne pas devenir besogneux.

19. "Je ne suis pas fait pour cela," proteste Lebeau.

20. Les représentants Petit, Legrand et Legros vont se tenir hors du débat.

21. Ce refus va venir comme un cheveu sur la soupe. Leroy ne s'en relèvera pas.

22. Leboeuf, il serait mal venu de ne pas apprécier le menu de Deveau.

23. -- Un peu de tenue, Lecomte!
-- Cela ne te regarde pas, Leduc!

24. Redon, redevenons ce que nous étions: de bons amis.

25. Chemin faisant, Faisant me dit ceci et cela, mais rien de remarquable.

26. Brebant se promène deçà et delà comme une brebis égarée.

27. La petite chèvre de monsieur Seguin n'a pu tenir contre le loup.

28. Au secours! Mon serin serein est à un cheveu de la mort!

29. Chenard me recommande le chenil de Chenal.

30. Regarde combien Renée renaît en recommençant à travailler au dehors.

31. Je te dis, Denis, que Renée se requinque.

32. Sans contredit, tu te contredis, Deguise.

33. Ce pauvre petit se repent d'avoir mangé toutes les cerises.

34. Autrefois, Madame Le Rumeur se penchait à la fenêtre pour regarder ce que ce gosse faisait.

35. Feraud déclare qu'il fera si froid dehors que la petite grelottera.

36. Tenez! Leroux et Lerouge se parlent! Qui se ressemble s'assemble.

37. Depardon n'a pas à se reprocher de ne pas reprendre ce rebelle. Pas de doute là-dessus.

38. Il est de mon devoir de déclarer que rien de ce genre ne se fera ici.

39. Je me demande pourquoi ce freluquet se retient de me le donner.

40. "Didier, j'ai le dessous ce soir. Cependant, demain il fera jour," dit Denise.

41. Venant me rejoindre, le doux Ledoux tenait dans sa main velue le journal du lendemain.

42. Jamais Delavigne ne reboira plus de ce vin de pays!

43. Celan, à part cela, que recevra le premier venu?

44. Celard, retenez bien ceci: la tenue de soirée sera de rigueur pour ce bal.

45. Depuis ce temps-là, Detire se retire de bonne heure.

46. Le premier cheveu gris ne se remarque-t-il pas?

47. Lecouvreur me recommande de recouvrir ce divan de velours.

é

1. Sécurité, Sobriété -- Highway sign

2. YOGA
   Santé Sérénité -- Advertisement

3. Péché avoué est à moitié pardonné. -- Proverb

4. "La beauté est vérité et la vérité beauté."
   "Beauty is truth, truth beauty." -- John Keats, "Ode to a Grecian Urn"

5. Amédée prétend que cette génération a besoin de régénération.

6. Irénée et Desirée désirent régénérer l'humanité.

7. Frédérique est pédiatre; Frédéric, généraliste.

8. En général, la généralité des généticiens généralisent peu.

9. La généalogie intéresse énormément le généreux général.

10. Noé et Noémie, les préférés du professeur Périer, étudient assidûment l'Énéide.

11. Aimé et Aimée aiment démesurément la télé.

12. Le pépé et la mémé de Dédé détestent le café décaféiné.

13. Frédé, donne la poupée au bébé enrhumé.

14. Les jérémiades de Jérémie épuisent la patience de Félicité.

15. Véra chérie, explique à Gérard la différence entre "homogénéité" et "hétérogénéité."

16. Chéri, si le bulletin de la météo se confirme, tu seras réfrigéré dans le téléférique.

17. Le ménage Ménager déménage de Brézé. (Maine-et-Loire)

18. La zélée Valérie Valérien a géré une entreprise de publicité au Vénézuéla.

19. Pourquoi Émile Émilien appuie-t-il délibérément sur l'accélérateur en plein centre d'Épernay? (Marne)

20. Chanteur yé-yé du groupe Félins, Gégé est une célébrité. (Imaginary)

21. Bébert, mon associé orléanais, a prématurément célébré le championnat: l'équipe d'Épinal a gagné un trophée. (Orléans, Loiret; Vosges)

22. Le délégué de Béziers a été réélu par le comité. (Hérault)

23. Hier, le moral de la zélée secrétaire générale, Félicité Félicien, était à son zénith; aujourd'hui, il est à zéro.

è

1. La chère mère de Xavière gère l'auberge.

2. Prosper Valère prospère à Hyères. (Var)

3. Geneviève mène une vie de bohème à Genève.

4. L'allègre Agnès a l'air funèbre depuis son arrivée à Tirechèvre. (Puy-de-Dôme)

5. Mon collègue Silvère Lefèvre habite le quai des Orfèvres.

6. Plus de crème ni de bière pour Homère. Il est au régime.

7. Gisèle Manière est fiancée à Arsène Barrière.

8. Ma chère grand-mère est amère parce qu'elle n'a plus d'Arpège.

ɛ̃

1. Le professeur Distinguin inclut dans ses dictées des homophones tels que pain, pin, peint; sain, saint, sein, seing; et vain, vin, vingt.

2. La princesse se requinque dans la salle de bains.

3. Le petit gamin des Germain cherche le petit coin.

4. Cet Américain est zinzin: il craint que les singes ne le singent.

5. Cyprien grimpe aux sapins comme un singe ou un chimpanzé.

6. Le bourdonnement des insectes n'incommode pas nos cousins de province.

7. Le couin-couin des canards fascine la petite Jocelyn Lincy.

8. Le chien Rin Tin Tin fut le fin du fin des chiens-acteurs.

9. Hyacinthe Cinquin promène son chien-chien dans l'impasse des Chiens.

10. Chaque fois que ce musicien grincheux de Coincy joue du crincrin, son chien Prince se coince dans un coin. (Aisne)

11. Cette lingère bien fringuée a du chien.

12. Ce matin, le peintre Adrien peint une dinde.

13. Gare au lapin que Lucien Dujardin verra dans son jardin!

14. Tintin! Je ne trinque pas à un vaurien qui m'a posé un lapin.

15. Sortir avec cette petite dinde d'Amiens! Es-tu cinglé, Alain? (Somme)

16. -- Cette petite dinde revient d'Inde?
    -- Non, elle revient d'Indre. (Loire-Atlantique)

17. Sylvie adore Sylvain, le rouquin au visage poupin.

18. Votre cousin Martin Martin est un coquin.

19. Quirin ne se plaint point de son cousin de Quintin. (Côtes-du-Nord)

20. Ce provincial sain est bien heureux au sein des siens au Saint. (Morbihan)

21. Simon Saint-Simon passa la Toussaint au sein des siens à Saintes. (Charente-Maritime)

22. Le parrain italien d'Alain mincit.

23. Mince! goinfre que je suis je ne mincis point!

24. Olympe feint d'avoir faim pour pouvoir se goinfrer.

25. "Mince! s'exclame Lili Linglin, j'ai rincé le linge mais je n'ai pas de pinces pour l'étendre."

26. Les liens sociaux entre les Quincy et les Quindry paraissent minces.

27. Les Jacquemin rejoindront les Jacquelin à Saint-Gobain. (Aisne)

28. Trinquet, veux-tu te joindre à nous? Nous trinquons aux Indiens, équipe invaincue et invincible.

29. "Ton bras est invaincu, mais non invincible." -- Don Rodrigue, Le Cid, Corneille

30. Les Aubin ne sont pas le moindrement surpris que les Bainville préfèrent Aix-les-Bains à Bains-les-Bains. (Savoie, Vosges)

31. Cinq citadins ont témoigné en faveur de mon voisin Vilgrain et des siens.

32. Je vais me plaindre à mon copain Romain que son pain à raisin est rassis.

33. Le sympathique Justin Poulain accepte le train-train quotidien sans se plaindre ni geindre.

34. Célestin n'a le moindre grain d'incivilité ni d'indélicatesse.

35. Ce Ricain plein d'entrain n'a pas le moindre grain d'ingéniosité.

36. Peinturier est plein d'entrain tandis que Dupin est plein de soi.

37. Urbain Urbain n'est point urbain.

38. Le pointilleux doyen Douvin est d'un naturel pointu.

39. Il est impossible de convaincre cet imbécile qu'il faut porter une ceinture de sécurité.

40. C'est en vain que Painvin cherche son vin. Boivin l'a bu.

41. Painchaud, dis à Painlevé que la pâte est bien levée.

42. "Du pain, du vin, du Boursin, je vais bien." -- Advertisement

43. Bien que toujours éreinté, Derain ne dit rien de sa maladie de rein.

44. Augustin Pointard et Jacquin Pointeau n'ont point de points noirs.

45. Poitevin, le teinturier du coin, a le teint sain.

46. Quinquin achète chez le quincailler Quinquet les outils dont il a besoin.

47. Quinquin est comédien; Glinglin, tragédien.

48. Les citadins Duchemin et Deschemin cheminent vers Villainville. (Seine-Maritime)

49. Vincent est de Vincennes, Alain, d'Alaincourt. (Val-de-Marne, Aisne)

50. Il importe de prévenir cet individu de Saint-Domingue que Quimper est très loin d'Amiens. (Finistère, Somme)

51. Cet été, le Canadien Julien prend un bain linguistique à Reims. (Marne)

52. Maintenant, maint syndicaliste arlésien a les moyens de voyager au Moyen-Orient. (Arles. Bouches-du-Rhône)

53. Un essaim de gamins explore tous les coins et recoins du château.

eu (œ and ø)

1. Le jeune Lejeune jeûne depuis jeudi.

2. Qui veut peut. -- Proverb

3. Jeunesse paresseuse, vieillesse pouilleuse. -- Proverb

4. Ce vieux professeur goutteux à la voix caverneuse est la terreur des paresseux.

5. Matthieu est le matheux de la famille Thieux.

6. Eugène veut qu'Eugénie soit heureuse en Europe.

7. Loin des yeux, loin du coeur. -- Proverb

8. Heureux au jeu, malheureux en amour. -- Proverb

23

9. "Si seulement j'étais seule dans le coeur du rieur camionneur Donnadieu!" soupire Eugénie.

10. Le boueur boudeur est amoureux de la boueuse boudeuse.

11. Présente mes souhaits respectueux et affectueux à l'élu de ton coeur Eustache Eustache.

12. La serveuse de Maubeuge aux yeux bleus et aux cheveux courts est un peu coureuse. (Nord)

13. Y a-t-il à Fleurie quelque Florine qui, dans la fleur de sa jeunesse, jouisse d'une vie semée de fleurs? (Rhône)

14. Fleur Fleury cueille des fleurs bleutées en promenant son épagneul le long de la Meuse.

15. Cette veuve joyeuse est la meilleure causeuse de Joyeuse. (Ardèche)

16. Ce vieux de Vieu est comblé de malheurs et de douleurs. (Ain)

17. Cette malheureuse jeune veuve en deuil creuse sa propre tombe en ne quittant jamais sa demeure.

18. "Il pleure dans mon coeur
Comme il pleut sur la ville,
Quelle est cette langueur
Qui pénètre mon coeur?"
-- First stanza of Paul Verlaine's "Ariette oubliée"

19. "On ne pleure pas plus à Pleure ou à Pleurs qu'ailleurs," observe Pleurdeau. (Jura, Marne)

20. Monsieur Meurice meurt de peur chaque fois que le moteur de sa très vieille Peugeot fait des teuf-teuf inaccoutumés.

21. Le malheur des uns fait le bonheur des autres. -- Proverb

22. Docteur, l'odeur de la sueur m'écoeure.

23 "Brunswick, le fourreur qui fait fureur." -- Advertising slogan

24. Les deux jeunes vaches de la meunière Meunier battent l'air de la queue en beuglant.

25. Les Leboeuf achètent leur boeuf, leur beurre et leurs oeufs à Joeuf. (Meurthe-et-Moselle)

26. Qui vole un oeuf, vole un boeuf. -- Proverb

27. Decouleur, de quelle couleur était la couleuvre que ta soeur a vue à Couleuvre? (Allier)

28. Curieux de tout, mon filleul Matthieu se demande si les tilleuls sont nombreux à Tilleul. (Eure)

29. -- Heurteur, tu ne sais même pas distinguer entre un motoculteur et une moissonneuse-batteuse-lieuse.
    -- Ta gueule!

30. Les Maisonneuve vont demeurer à Lieusaint, où les habitants leur ont fait un accueil chaleureux. (Seine-et-Marne)

31. Malheureusement, les Lheureux n'ont pas trouvé le bonheur rêvé à Beaulieu. (Loiret)

32. Aux heures creuses, la serveuse au visage douloureux polit les meubles.

33. Peut-être le mieux serait-il d'informer ce criailleur que quand il se plaint d'être le souffre-douleur de la boîte, cela soulève le coeur.

34. "Je suis venu au socialisme avec mon coeur et ma rancoeur."
    -- Guy Mollet

35. Un bâtisseur qui veut durer doit mesurer soigneusement la largeur, la longueur et l'épaisseur du bois de charpente.

36. Ce fauteuil fut l'orgueil de son aïeul Bailleul.

37. Dans la forêt, les éclaireuses cheminent à queue leu leu derrière leur cheftaine.

gn (דּ)

1. Charlemagne eut un règne magnifique.

2. Est-ce qu'Ignace ignore que Montaigne était originaire de Gascogne?

3. En 1914, certains nationalistes français ont demandé que l'eau de Cologne soit rebaptisée eau-de-Pologne.

4. Mon agneau, comment peux-tu manger des ignames avec un plat de lasagne?

5. Mignonne, que signifie cette tignasse? Pour l'amour de Dieu, prends un peigne et peigne-toi!

6. Une cigogne magnanime a apporté un bébé aux Avigneau d'Avignon. (Vaucluse)

7. La mignonne Agnès Agnel grignote un biscuit.

8. Sa seigneurie ne craint-elle pas cette araignée qui se trouve sur son poignet?

9. Baignade interdite! Quelle guigne! Et je brûlais de me baigner ici!

10. Le pauvre ignare d'Aubagne est au bagne. (Bouches-du-Rhône)

11. Gagnepain ignorait qu'un gagne-petit avait gagné le gros lot. (Eure-et-Loir)

12. Le digne Lavigne de Hautevignes rechigne devant la besogne. (Lot-et-Garonne)

13. La rue Grognet n'est pas peuplée d'ignobles grognards.

14. Magnard, ton hargneux compagnon Magnan est gnangnan.

15. Desvignes est loyal: en Champagne, il boit du champagne; en Bourgogne, du bourgogne; à Cognac, du cognac. (Charente)

16. Cet ivrogne de Rognes couché sous le magnolier grogne parce qu'il n'a plus de cognac. (Bouches-du-Rhône)

17. Luc Lugny nous a accompagnés à Sugny et à Thugny-Trugny. (Ardennes)

h at beginning of word

1. Hip, hip, hip; hourra!

2. Hi hi, la nouvelle hi-fi de Hilaire Hilary ne marche pas.

3. L'hirsute hippie Hippolyte Hippert aime bien les sports hippiques.

4. Hervé Hervieu et Hermine Hervé savent qu'Henri Hell était un critique réputé.

5. Tout à l'heure, l'hélleniste Hélène a hélé un taxi pour aller à Helleville. (Manche)

6. L'hercule de foire Hector Hecquet est de très mauvaise humeur parce qu'un homme-sandwich a volé ses haltères.

7. D'habitude cet hercule hawaïen dîne à la table d'hôte.

8. Une hôtesse de l'air de Huppy va épouser Herbert Hébert, héritier d'une fortune. (Somme)

9. Huguette Hughes n'hésite pas à huer un histrion.

10. Le héros et l'héroïne quittaient la scène sous les huées des spectateurs havanais.

11. Habillée d'hermine, la hautaine Hermione se déhanche en descendant l'avenue Hoche.

12. La voiture de Heurteux a heurté un hêtre à Heuqueville. (Eure)

13. Les Halévy ont fait halte aux Halles pour goûter du hareng et du haddock.

14. Des haut-parleurs portaient la harangue de la harengère jusqu'au hall de la gare.

15. Un Hamburgeois de passage à Ham m'a dit qu'il haïssait les hamburgers. (Somme)

16. Hélas! ce scout hollandais a perdu son havresac au Havre. (Seine-Maritime)

17. Je me hasarde à deviner que cette harpiste hargneuse est une harpie.

18. Hardy a la hardiesse de dire que Hautcoeur n'est pas à la hauteur de la tâche.

19. Le hautboïste Hautbois maintient que les prix sont en hausse à Hauteville. (Pas-de-Calais)

20. S'étant hâtée pour arriver à Haleine à l'heure dite, Hortense Horth était hors d'haleine. (Orne)

21. Parole d'honneur, Honoré, je placerai cet homme d'honneur d'Hommes à la place d'honneur. (Indre-et-Loire)

h̲ interior

1. Il est ébahi! Ses élèves s'enhardissent: ils le chahutent et le brouhaha de leurs voix couvre la sienne.

2. -- Comment vont les affaires pour ce bonhomme de Cahors?
   -- Cahin-caha.   (Lot)

3. Protestons avec véhémence: il serait inhumain et incompréhensible de mettre le chaton dehors par un temps pareil.

4. Panhard pense que les Delahaye, les Duhamel et les Truhaut sont cousins.

5. Le maharajah souhaite visiter Tahiti ou les Bahamas.

i (i)

1. <u>Liberté, Liberté chérie</u> -- Title of a book by Pierre Mendès France

2. Kili kili, kili kili, petite Gisèle.

3. Les chats de Félicité Félix s'appellent Kiki et Mistigri.

4. Fifi, le caniche de Fifine, a fait pipi sur le tapis.

5. Nadine Nadeline a dit en riant qu'elle préférerait un nid de termites à un nid vide.

6. Le mari de la bridgeuse à chichis d'Yvecrique est un chic type. (Seine-Maritime)

7. Ma biche, qui à Biniville ne rirait pas d'un tel bibi? (Manche)

8. Ma fille, des bijoux en toc et un sac à main en simili pour un dimanche à Longchamp, ça ferait riquiqui!

9. Pas d'alibis, fiston! Pourquoi es-tu sorti à minuit?

10. Virginie a puni Philippe en le privant de sortie.

11. Le frère d'Yvette, Yves, a quitté Y pour aller installer des oléoducs dans le Mississippi. (Somme)

12. Fritz savoure le frichti préparé par Phine.

13. Marie a ri et souri sans cesse à la surprise-partie qui a eu lieu à Cissé. (Vienne)

14. Ce n'est pas timidement que cette flirteuse de Bize donne des bises à la ronde. (Hautes-Pyrénées)

15. -- Gigi, un peu à boire?
    -- Non, merci, Didier, je n'aime pas la bibine.

16. Ce pigiste est difficilement sortable. Samedi dernier, il a provoqué un rififi chez Mimi en accusant une petite visagiste d'avoir chipé son gin-fizz.

17. Lise se plaint de l'illisibilité des billets doux de Gilles.

18. Diminique domine Alice, sa petite amie de Sy. (Ardennes)

19. Adéline Deline est à la piscine publique où elle exhibe son nouveau bikini.

20. Même les miroirs grossissants attirent ce Narcisse du Miroir. (Saône-et-Loire)

21. Dans quel quartier de Nice cette Nipponne si bien nippée et sa nichée nichent-elles? (Alpes-Maritimes)

22. La marquise ne fait pas de chichis: elle ne rougit pas de se nipper à bas prix à Monoprix.

23. M. Picard ne se pique pas d'avoir piqué au vif ce gentil piqueur picard.

24. Isidore et Isabelle offrirent un gîte pour la nuit aux gitanes de passage à Gipcy. (Allier)

25. Ces hippies se réunissent place Pigalle ou au Boul'Mich'.

26. Brigitte Brisard et Micheline Michel partirent en taxi pour la rue Brise-Miche.

27. Ce pauvre zig de Richeville zigzaguait à travers la rue de Civry. (Eure)

28. Ce richissime capitaliste ne vit pas chichement: il a une immense équipe de domestiques et une magnifique piscine privée.

29. "Pour les riches riches, vivre à Antibes, à Hyères ou même à Tahiti, c'est kif-kif," observe Richard. (Alpes-Maritimes, Var)

30. Ce grippe-sou à la tirelire remplie n'hésite pas à réaliser des profits illicites.

31. Même en hiver, Alexis pourrait vendre des frigidaires en Sibérie.

32. L'idée fixe de ce cibiste est d'entrer dans la police privée.

33. Patrick, Sylvie et Inès brillent dans leur classe de chimie.

34. Épitaphe imaginaire: "Ci-gît Aristide de Sigy, victime des Gitanes et des Lucky Strikes."

35. Le scieur cypriote Dimitri scia six cyprès avec sa scie circulaire.

36. Chichilianne, Fitilieu, Vif et Virville se trouvent dans l'Isère.

l after __eui__ and __uei__, and __ll__ after __eui__, __uei__ and __oei__ (j)

1. Les Feuillet écrivent que les arbres se défeuillent à Tournefeuille. (Haute-Garonne)

2. Roger Oeillet ne s'enorgueillit pas d'avoir cueilli des oeillets dans un parc public.

3. C'est avec orgueil que les Reuilly se sont installés à Neuilly. (Hauts-de-Seine)

4. Assise dans un fauteuil acheté à Montreuil, mamie Lafeuille passe son temps à feuilleter des magazines et à regarder des feuilletons à la télé. (Seine-Saint-Denis)

l and ll after ai (j)

1. "Je soigne mieux l'émail de mes dents que les mailles de mes bas." -- Commerson, <u>Pensées d'un emballeur</u>

2. "Il n'y a que Maille qui m'aille." -- Mustard advertisement

3. Quelles victuailles! Quelle mangeaille! Ripaillons, Ripailles!

4. Plus en emporte la mangeaille que baïonnettes et mitraille.
   -- Proverb

5. Toute la marmaille des Maillard déteste l'ail et l'aillade.

6. Prendre un appartement à bail porte Maillot? Tu dérailles, mon amour!

7. Un écailler de Cailleville a ragaillardi sa femme défaillante en lui achetant un médaillon en or. (Seine-Maritime)

8. Ce gaillard de Gaillard porte gaillardement sa soixantaine. (Haute-Savoie)

9. Mme La Taille demande à Mme Lataillade s'il y a un tailleur à Taillades qui puisse lui faire un beau tailleur. (Vaucluse)

10. Je ne raille pas: quand le joaillier aux yeux éraillés m'a indiqué le prix de cette bague de fiançailles, j'ai sursauté.

11. Les écailles tombent des yeux de Cailleux: ce que le rempailleur Pailleux lui a fait c'est de la pure canaillerie.

12. Vaille que vaille, Vaillant mitraillera de questions ce paillasse de Valailles. (Eure)

13. Braillard, le volailler aux manières débraillées, brailla, "Il faut que j'aille à ma volaille."

14. On ne s'encanaille pas en travaillant dans la quincaillerie des Caillet.

l and ll after ei (j)

1. C'est toujours pareil: on me réveille au lever du soleil.

2. Le vieux Latreille veille à sa santé en sommeillant sous une treille.

3. La vieille Madame Charmeil s'émerveille que Mireille puisse s'estimer la huitième merveille du monde.

4. La veille du mariage de Veil à Marseille, une abeille lui a piqué l'oreille. (Bouches-du-Rhône)

5. Les Bouteiller me conseillent d'acheter une bouteille du meilleur vin de groseille à Cormeilles. (Eure)

l and ll after oui (j)

1. Un petit oiseau gazouille dans le cornouiller des Douillet.

2. Mon chien Rouille grouille de poux. Encore un épouillage à faire!

3. Pas de bouillon clair ni de ratatouille pour moi. Je veux de la bouillabaisse, du bouilli et des nouilles.

4. Anouilh met-il du fenouil dans sa ratatouille?

5. Le Pouilly-Fuissé que Pouillard se procure à Pouilly lui chatouille le palais. (Moselle)

6. Achetons de l'antirouille à Rouillé. Mes garde-boue rouillent. (Vienne)

7. -- Martine, tu élèves cet enfant douillettement.
   -- Martin, tu bafouilles.

8. Cette andouille d'Houilles a fait ce fouillis. (Yvelines)

33

9. Cette fripouille bout de colère après s'être brouillée avec son associé trouillard Trouillet.

10. Ayant l'épiderme chatouilleux, Brouillard se brouille souvent avec son patron, qui lui dit sans cesse: "Grouille-toi, grouille-toi!"

11. Le scribouillard Randouilhe est dépouillé de tout.

12. Pendant la patrouille à la Mouille, ils étaient mouillés comme des grenouilles. (Jura)

13. "Tout ce qui grouille, grenouille et scribouille n'a pas de conséquence historique." -- President Charles de Gaulle contemptuously dismissing his critics

<u>ll</u> after <u>i</u> when pronounced as (j)

1. Journée rêvée: un billet doux de mon petit ami et, de ma famille, des billets de banque!

2. Regardez comment la sémillante Brigitte Bonnefamille papillonne d'une table à l'autre.

3. Chère fille, sois gentille! Ne te maquille pas tant et, en dansant, ne te tortille pas comme une anguille.

4. La fille brille dans ses études, le fils gaspille son temps à jouer à la manille, aux quilles et au billard.

5. Plus de gaspillage, Guillaume! Tu pourrais torpiller nos plans pour les vacances de juillet.

6. Quelques cuillerées de glace à la vanille feront pétiller les yeux de la fillette des Pétillault.

7. L'artilleur Quille marche avec des béquilles parce qu'il s'est cassé la cheville en réparant une autochenille.

8. Le scintillement de ce nouveau téléviseur me rend fou. Quelle pacotille! Quel gaspillage d'argent!

9. Engager un gorille pour sa protection quand on est presqu'en guenilles! Quelle bêtise, Billon!

10. Le chef, un bon drille de Juilly, s'égosille à rappeler à Pillard que roupiller au bureau n'est pas une peccadille. (Seine-et-Marne)

Nasal combinations

1. Jean, achète un bon pain blanc et un bon vin blanc.

2. Yvon, essaie donc un biscuit au gingembre.

3. Constantin, coupe le jambon en tranches minces.

4. Se remplir constamment le bidon de mangeaille est un bon moyen de prendre de l'embonpoint.

5. Songez donc! Bien qu'il soit à jeun maintenant, cet Américain bien charpenté prétend qu'il mange beaucoup de mouton.

6. Le poupon poupin des Pinson consomme de grandes quantités de lait.

7. Cet entrepreneur entreprenant a l'intention de monter des chaînes d'alimentation dans le monde entier.

8. "Je crains que la tondeuse à gazon ne m'attende," soupire Dunkel.

9. Attendez une seconde, je vais demander à cet agent russe si l'on enfreint la loi en lançant un ballon d'enfant devant le Kremlin.

10. Attends, Alain, Nanon reviendra dans un instant.

11. "Tout vient à point à qui sait attendre," s'exclama la golfeuse qui venait de faire un trou en un.

12. "Encore un instant, monsieur le bourreau." -- Mme du Barry

13. Voyons, mon bichon, cette plante grimpante va bientôt nous étrangler.

14. Le fiston des Lebrun grimpe aux arbres comme un chimpanzé.

15. L'enfant des Fantin est long comme un jour sans pain.

16. Le bambin des Fromentin est un petit prince charmant.

17. Les grincements de dents du petit Valentin inquiètent les Unzel.

18. Léon, le benjamin de la famille Untel, se consacre à l'élevage des cochons d'Inde.

19. Mon ange m'accuse de n'être qu'un grand gamin.

20. Sylvain, ton cousin de Melun n'est qu'un grand enfant. (Seine-et-Marne)

21. Ton cousin de Traincrainville a-t-il un violon d'Ingrès? (Eure-et-Loir)

22. Son tonton défunt s'attendait à une invasion par les Martiens.

23. Dans l'ensemble, les soupçons de son oncle Hyacinthe sont sans aucun fondement.

24. Mon grand-oncle de Conchy-sur-Canche craint ton chien Dingo. (Pas-de-Calais)

25. Il est déconcertant que ta tante d'Indre continue à confondre les Prunget avec les Prungnaud. (Loire-Atlantique)

26. Aimée Amon aimerait autant que sa tante et son oncle de Tantonville ne l'accompagnassent pas à Bains-les-Bains. (Moselle, Vosges)

27. En été, les Urbain aiment cueillir des renoncules et entendre le chant des grillons à Montanges. (Ain)

28. Ton copain fanfaron de Paimpont est-il encore garçon?

29. Un méchant voisin de Célestin l'offensa en lui disant qu'il n'avait pas le moindre grain de bon sens.

30. Julien montra un front serein tout en se rendant compte qu'il avait été le dindon de la farce.

31. Nous avons rencontré un plaisantin de Ninville qui se faisait passer pour un argentin. (Haute-Marne)

32. Martin, tu plaisantes en affirmant que la comtesse est un glaçon et le comte un fripon.

33. Le baron aux yeux injectés de sang se prend pour le nombril du monde.

34. Cette pimbêche grincheuse de Clermont-Ferrand traita sans façon ces humbles habitants de Verdun. (Puy-de-Dôme, Meuse)

35. Gaston Rondeau trouve Francine Demunter très pimpante dans ses fringues de printemps.

36. Ce dandy autrichien a emprunté du pognon à Raymond.

37. Ce marchand forain indigent a un très long nom imprononçable.

38. Edmond Pansard pense qu'enfin l'affaire est en bon chemin.

39. Ce gérant ambitieux de Saint-Quentin prétend que dans son enfance il était enclin à la fainéantise. (Aisne)

40. On craint d'être importun en entrant dans le bureau de monsieur Untel sans se faire annoncer.

41. Il est impensable qu'il n'y ait aucune pince à ongles dans la maison.

42. Vincent a lu un roman intéressant de Benjamin Constant.

43. Jacquellin Marcellin prend des leçons de chant à Chinon. (Indre-et-Loire)

44. Autrefois sympathique et gai comme un pinson, Léon est devenu un introverti qui s'enferme de plus en plus dans son cocon.

45. Un grand frisson secoua Germain quand il vit soudain un avion à réaction descendre en direction du terrain accidenté.

46. L'intrépide Aubrun est invaincu. Néanmoins, dans une telle compétition il n'a pas l'ombre d'une chance.

47. Un grand vent et une pluie torrentielle cinglaient le clochard qui venait vers nous clopin-clopant.

48. Le grand savant devint blanc comme un linge en découvrant le sabotage de ses instruments de précision.

49. En un clin d'oeil, ce galopin de Clinchamp s'enfuit à travers champs. (Haute-Marne)

Non-nasalized <u>an</u>, <u>am</u>, <u>en</u>, <u>em</u>

1. Un canard se promène avec une cane sur le quai du canal.

2. Une cannette de bière à la main, Jeannot Jeannerot regarde passer les canardeaux.

3. À Cannes, Gracianne Delanne passe la journée à jouer à la canasta et à promener son caniche. (Alpes-Maritimes)

4. Cannac informa la Texane qu'un canoéiste peut porter un canotier sur la tête mais qu'un canoteur ne peut pas porter un canot sur la sienne.

5. Arracher les pages d'un annuaire! Quelle canaille fut l'auteur de cette canaillerie?

6. Tenez, la tannerie du tanneur Tannier est fermée!

7. Jeannette, achète une dame-jeanne de cognac à Vannes. (Morbihan)

8. Annette et Anne-Marie ont fait des âneries à cette soirée de Dannemarie. (Haut-Rhin)

9. Fanny, si ton amie d'Annecy persiste à suivre fanatiquement ce régime, elle deviendra anorexique. (Haute-Savoie)

10. Emmannuelle Emmanuel et Stéphanie Stéphane sont devenues des fanatiques du tennis.

11. La caméra que Camille Cammes acheta à Panama est de la camelote.

12. Anatole Anaclet épousa-t-il Anne Annaud à Annemasse l'année passée? (Haute-Savoie)

13. Sur son salaire de famine, Daniel Dannel ne pourrait jamais payer un anneau de mariage gemmé.

14. C'est de cette manière que ce maniaque de manager menace et manie Manasse.

15. Le vieux Pannetier panné paniqua quand sa bagnole tomba en panne à Pannes. (Loiret)

16. Mamie a la manie de condamner toutes les manifs.

17. Geneviève Gennevois ira de Gênes à Genève, puis à Vienne.

18. Cela gêne Eugène Gennes que tous ses mannequins fassent des manières.

19. Tiens, puisque vous y tenez, Tenet, rendons visite samedi au menuisier de Mennecy dans sa menuiserie! (Essonne)

20. Monsieur Hennique, votre cheval est-il anémique? Il ne hennit jamais.

Non-nasalized in, im, ain, ien

1. Félicienne préfère la race féline à la race canine.

2. Étienne taquine la bambine poupine de l'Italienne.

3. Julienne rassura la petite Lucienne en lui disant qu'il n'y avait ni loups ni louves à Louveciennes. (Yvelines)

4. Sa cousine Corinne est une gamine de dix ans.

5. C'est vainement que les Vaineau mettent en garde leur Martine contre les effets de la nicotine.

6. La mère de Micheline lui dira immanquablement que ses dépenses sont immodérées.

7. Ne fais pas l'innocente, Yveline. Tu as fait quelque chose d'innommable.

8. Ta copine Claudine est un tantinet taquine.

9. Jeannine est comédienne; Jacqueline, tragédienne.

10. La marraine américaine d'Émilienne est doyenne à son université.

11. Une de ses voisines de Voisines cultive des centaines de zinnias. (Yonne)

12. La chienne de Cyprienne Cyprine déracine ses iris.

13. Célestine conclua immédiatement que les racines étaient immangeables.

14. La blondinette et la rouquine viennent de La Machine. (Nièvre)

15. Selon les Viennet, les Devienne reviennent de Vienne aujourd'hui.

16. L'Arlésienne Nadine mange souvent à l'Arlésienne. (Arles. Bouches-du-Rhône)

17. Ayant un goût inné pour l'innovation, ma cousine germaine d'Innimond créa une coiffure qui fit fureur. (Ain)

18. Fabienne Fontaine est convaincue que La Fontaine s'immortalisa par ses <u>Fables</u>.

19. Quel agent immobilier vendit cet immeuble immense à la riche famille immigrée?

20. Les soeurs canadiennes tiennent à décrire leur routine quotidienne à Annie, l'Australienne.

21. Si le danger est imminent, pourquoi ces Vénitiennes se tiennent-ils immobiles?

Non-nasalized <u>on</u> and <u>om</u>

1. Brigitte, la bonne bonne des Bonnot, nous a donné de bonnes pommes sous un pommier d'une pommeraie à Pommier. (Pas-de-Calais)

2. Mlles Pommeret et Pommery ont de belles pommettes.

3. "Que Maryvonne est mignonne!" s'exclama Madame Bonnet, la bonnetière.

4. Mme Dubonnet a payé ce bonnet une somme folle.

5. La bonne mère de Mignonneau a décoré bien mignonnement sa garçonnière de Bayonne. (Pyrénées-Atlantiques)

6. Des saucissonneurs soissonnais saucissonnent sous le marronnier des Marronneau. (Soissons, Aisne)

7. Pardon, Madame Honnorat. Je veux tout bonnement vous présenter mes hommages et ceux de la famille Honnore.

8. Le colombophile Hommel assure Hommet que même un pigeonneau retrouve facilement le pigeonnier.

9. Tom Tonnaire tonne contre les pigeons dont le roucoulement l'empêche de sommeiller.

10. Un coup de tonnerre chassa les Tonnard de dessous la tonnelle.

11. Est-ce à Eaubonne ou à Eaux-Bonnes que la baronne Baronnet a perdu sa bichonne? (Seine-et-Oise, Basses-Pyrénées)

12. "Sonnez l'alarme! cria le poissonnier Poissonnet, ma poissonnerie brûle!"

13. Sonnier, es-tu sonné? Ce n'est pas au sommelier qu'on s'adresse quand le poisson a un goût de cochonnaille.

14. Baconnet élève-t-il des cochons à Baconnes? (Marne)

15. Donnat a dit à Donnet qu'il donnerait son bras droit pour savoir qui avait cochonné le travail.

16. "Comment puis-je me savonner s'il n'y a pas de savonnette?" bougonne Commeau.

17. Bobonne, ne bichonne pas Simone si tu veux la bien façonner.

18. Cette sorbonnarde de Moutonne cherche une pouponnière près de la Sorbonne. (Jura)

19. En somme, Honoré Delhomme travaille comme une bête de somme pour devenir une sommité à la Sorbonne.

20. L'homme qui a un oeillet à la boutonnière est de Chef-Boutonne. (Deux-Sèvres)

21. "C'est la poisse!" marmonne le camionneur Commeau, j'ai un tonnelet de calvados à transporter rue Pommard et ma camionnette est en panne."

Non-nasalized u̲n̲

1. Didier Dunet et Claire Delune s'embrassent au clair de lune.

2. La brune aime également les prunes et les pruneaux.

3. Bruno Bruneau n'est originaire ni de Pruniers ni de Prunières. (Loir-et-Cher, Isère)

4. Si la brunette au tailleur brunâtre n'est pas munie d'un passeport, elle ne passera pas sa lune de miel aux États-Unis.

5. Il est universellement reconnu que l'unification des peuples de l'univers est impossible.

6. Grâce à la munificence des Munier, la patinoire municipale est éclairée par des projecteurs.

7. Luc Luneau est mal luné car il a perdu ses lunettes dans les dunes.

8. Lucie Lunel aboie à la lune: le port de l'uniforme est obligatoire.

9. Pour la unième fois, Ursule demanda à une Lunévilloise s'il y avait un Uniprix à Lunéville. (Meurthe-et-Moselle)

o̲ (o)

1. La rosiériste Rose Larose arrose les rosiers de sa roseraie avec un arrosoir.

2. Où ce poseur de Pau a-t-il déposé le pot de roses roses? (Pyrénées-Atlantiques)

3. "Le chien Polo m'a fait bobo," cria le petit Jojo.

4. Oh! le petit môme Jeannot a renversé son lolo sur Véro!

5. Aussitôt que Hautemanière, le peintre hautain, commença à ébaucher son portrait, Jacquot, le petit vaurien, lâcha un rot.

6. Qui a la jaunisse voit tout en jaune. -- Proverb

7. Le beau Beaubeau admire le beau dos de Brigitte Beaudeau.

8. Beaudot jouerait gros que la grosse dot de cette fille des Bos intéresse beaucoup Beaux. (Calvados)

9. Dodo, métro, boulot, métro, dodo. -- Sequence of words used by some Parisians to characterize their workday routine

10. Selon Sautreau, ce ne sont que les sots qui sautent comme des sauterelles au saut du lit.

11. Pauvre de moi! mon nouveau boulot me contraint de sauter les pauses-café!

12. "La pause qui repose." -- French version of the Coca-Cola advertising slogan "The pause that refreshes"

13. La sténodactylo Naudeau fait beaucoup trop de fautes de typo.

14. Autrefois, la prose de Charlot Carlot était trop chargée d'argot.

15. Le mécano Bruno est en convalo.

16. Ce pédago a piloté un hélico pendant l'Indo.

17. Spécialiste en géo, Géo est en chômage malgré ses diplômes.

18. Ce qui enrage monsieur Chose c'est que le chausseur lui a vendu des chaussures qu'il ne peut chausser qu'avec un chausse-pied.

19. Dès l'aube, l'aubergiste Aubert plante des aubergines derrière l'auberge.

20. Ces auteurs se réunissaient à Deauville pour causer littérature en dégustant du calvados. (Calvados)

21. Aussitôt que l'audacieuse Audette Aude arrivera d'Auch, elle donnera une audition. (Gers)

22. Laurence dit que les compositeurs préférés de Laurent sont Gounod et Berlioz.

23. Ce sot de Sceaux a déposé un seau d'eau sur le piano. (Hauts-de-Seine)

24. Cauchon déclare: "Il y a autant de fous à Beaufou que d'autruches à Autruche." (Vendée, Ardennes)

25. Le coco au micro est un ancien collabo de la "zone nono."

26. Le saucier qui sauce était dans la sauce quand il s'est fait saucer à Saumur. (Maine-et-Loire)

27. Jo a avalé tout de go un litre de Sauternes. Quel numéro!

28. Cet aristo de Saint-Malo fréquente un bistro de Montparno. (Ille-et-Vilaine)

29. Cléo maudit la mauvaise météo, mais elle ira au boulevard Sébasto pour prendre l'apéro.

30. Le record de saut en hauteur, qu'il s'agisse d'un amateur ou d'un pro, ça s'arrose, Rosalie!

31. L'arôme du café attirera sans faute Jérôme à l'auberge.

32. Mon agneau, oublie les côtelettes de veau et le gigot dans le frigo. Comme de bons Amerlos, allons dîner au McDo.

33. Fauché, Faucher hausse les épaules et soupire, "Pas de gaufres chaudes pour Faucher aujourd'hui."

34. Pour Aubin, le gros saumon dont l'Esquimau lui a fait don était une aubaine au-delà de toute description.

35. Michot et Nico ont cueilli un gros kilo de haricots.

36. Aujourd'hui, Aude est partie à l'aube pour Audes. (Allier)

37. Saulnier planta des saules à Lons-le-Saunier. (Jura)

38. D'après Causse, une fausse alerte avait causé ce sauve-qui-peut à Sauchy-Cauchy. (Pas de Calais)

39. Ce drôle de coco habite à côté des Côté.

40. Aurélie aurait dû te dire que le proprio de l'hôtel à la tête chaude est un cerveau d'oiseau.

41. Peu disposée à écouter leurs flots de gros mots, l'hôtesse aura bientôt des mots avec ses jeunes hôtes.

42. "Josette, te reposes-tu vraiment en rôtissant dans le sauna?" demande Jonas.

43. Le chauffard Chauchard décrit avec émotion l'explosion de la chaudière chez les Chauchat.

44. Pierrot s'est cassé trois côtes en posant le pied à faux sur le perron.

45. Ce fraudeur fait l'idiot pour sauver sa peau, mais il sera au bagne au plus tôt.

46. D'aucuns affirment qu'aucun n'aura accès auprès d'Arnaud sauf Arthaud.

47. Marie-Louise d'Autriche donnait à son célèbre époux les surnoms de "Napo" et de "Popo."

48. L'auteur autrichien demanda à ses auditeurs ce que les autorités avaient fait pour sauver ces beaux chevaux sauvages.

49. À qui la faute si Faure n'est pas disposé à charger ce fardeau sur ses épaules?

50. Supposons que, tôt ou tard, moi, Guillaume Guillaumin, tire le gros lot?

51. Il serait trop osé de prendre une photo de cette pauvre débauchée aux gros yeux.

52. Que Bobo Lebeau déteste le rococo, c'est positif.

53. Margo Legault fait de son studio un dépôt de bibelots et de curiosités.

54. Viau préfère faire du vélo, Maux de la moto.

55. Claude, il te faudra un bon dico pour tes compos de philo, de psycho et de sciences po.

o (ɔ)

1. Bonnie Bonnet, la bonne bonne des Pommier, m'a donné une bonne pomme sous le pommier.

2. Un porc croquait dans une pomme croquante dans la pommeraie des Pommery.

3. Cocotte, que ton cochon est moche!

4. Bobonne, tu m'as fait une cochonnerie.

5. Lamotte, rapporte une botte de carottes de Motteville. (Seine-Maritime)

6. Parole d'honneur! pour Solange, ce village c'est Sodome et Gomorrhe en miniature.

7. "On a vraiment forcé la note en nommant cette commune Folleville," remarque Folichon. (Somme)

8. Gare à toi, Odile, si tu t'efforces de domestiquer ce crocodile féroce!

9. Brossard fait le croquis d'une fille mignonne à croquer jouant au croquet.

10. La coquette si coquettement vêtue cajole le joaillier jobard.

11. Coquet a fait une fortune assez coquette en vendant des coquilles et des coquillages décorés.

12. Ce bonhomme fait des boniments à Bonargent pour lui vendre un bonnet démodé.

13. "La mode, c'est ce qui se démode." -- Coco Chanel

14. -- Ça colle, Colette?
    -- Non. Coquin de sort! quelque coquin a volé mon collier en or!

15. La police a forcé la porte de l'homme qui avait volé cette forte somme.

16. La politesse est le fort du fort policier Lefort.

17. Bonne renommée vaut mieux que ceinture dorée. -- Proverb

18. Cet homme politique de Poligny se déshonore en adoptant une telle politique. (Jura)

19. Nicolette, trouves-tu choquant que Nicolas revoie Nicole à Noël?

20. Cet Adonis adolescent qui fait son propre éloge est le coq du village.

21. Dommage que Dominique ne puisse se dominer.

22. Aristote, aristocrate arrogant, s'arroge une première loge.

23. Lorsque l'ivrogne redemanda un bock, le barman Hochard hocha la tête négativement.

24. Clovis, parlons d'homme à homme. Tu as besoin d'un déodorant.

25. Ce reporter cabochard refuse de porter un bloc-notes sur lui.

26. Charlotte, qui se dorlote, dorlote aussi Dorland.

27. La bonne désobéit aux ordres formels de la baronne en bichonnant le bébé.

28. Yvonne de Bonneville achète ses chocolats chez une chocolatière de Bayonne. (Pyrénées-Atlantiques)

29. Thomasine Thomas a tort de suralimenter son chat Tom et son chien Castor.

30. Odette a omis de dire à Léonore que cette société s'oppose au port d'un manteau de léopard.

31. Les Portier et les Portal habitent porte à porte dans ce port.

32. Dorénavant, les Doret connaîtront un âge d'or en Dordogne.

33. Le Polonais de Cracovie raffole des polonaises de Chopin.

34. Élodie est fort mécontente du motif de cette mélodie.

35. La discophile Clotilde idolâtre le discobole qui l'escorte à la discothèque.

36. A force de volonté, le boxeur groggy aux yeux pochés continuait à attaquer.

37. Pourquoi le hockeyeur Hector hoquette-t-il tant après un match?

38. Un hors-bord est hors de portée pour Hortense.

39. Garder cette horrible camelote?   Es-tu toc toc, Tom? Camionne-la au dépotoir communal!

40. Sophie est somnolente parce qu'il lui est impossible de dormir d'un sommeil profond dans son dortoir bruyant.

41. Besogner comme un forçat, dormir peu et manger comme un ogre, ça approche de la folie, Follet.

42. "Homophone" et "homonyme" ne sont pas synonymes, Homère.

49

43. Le roi babylonien Nabuchodonosor II était fils de Nabopolassar.

44. Roland Rolland lit le roman Les <u>Gommes</u> de Robbe-Grillet.

45. L'honorable Honoré Honore se déshonore en écorchant les noms propres écossais.

46. Éléonore s'honore de faire honneur au professeur honoraire Honorat.

47. La profonde connaissance du protocole qu'a cet officier polyglotte impressionne profondément Procope.

48. C'est en forgeant qu'on devient forgeron. -- Proverb

49. Étant donné que Lotte est une avocate fort occupée, il est étonnant qu'elle dévore des livres d'astronomie et d'astrologie.

50. Cher collègue, bonnes nouvelles: Laroche, Rochefort et Durocher ont promis de donner leur voix pour ta promotion.

51. Personne ici hormis l'horloger Horace ne consulte son horoscope.

52. Deloffre lui fit cette offre folle à Offranville. (Seine-Maritime)

53. Il serait obscène de forcer le forestier Laforêt à remplir ce formulaire formidable.

54. Un hélicoptère transportera Octave et Octavie à l'aéroport d'Orly.

55. Et si un molosse inhospitalier accueille Laporte à la porte de tes amis soi-disant très "approchables" et "accommodants?"

56. L'adorable Caroline de la Caroline du Nord ne snobe personne.

57. Quel trésor que cette bosseuse bostonienne! Et elle a la bosse du commerce!

1. Attention, poupon mignon, tu confonds un frelon avec un grillon!

2. Ton tonton Yvon perd son aplomb.

3. Mon oncle Napoléon a eu bon nombre de furoncles récemment.

4. Son oncle Simon préfère la bière blonde.

5. Sois bon garçon, Edmond. Mange ce bon saucisson de Lyon.

6. Je confesse avoir honte d'avoir consommé tout seul la confiture et la compote.

7. -- Donnons nos portions de poisson aux chatons.
    -- Non, non et non!

8. Après le concert, le baryton et le contralto mangèrent du thon à Honfleur. (Calvados)

9. Voyons, Coron, c'est un cornichon et non pas un concombre.

10. Les bons Lebon trouvent très bons ces bonbons.

11. Allons donc! on ne plonge pas au fond d'un donjon un garçon qui a volé des bonbons!

12. L'occasion fait le larron. -- Proverb

13. "La honte est contre." -- May 1968 graffiti

14. Comparaison n'est pas raison. -- Proverb

15. Selon la comtesse, le comte ronfle à faire trembler les vitres.

16. Lacombe se compte au nombre des amis du comte de Combremont.

17. Le comte de Combes compte se conformer aux façons de vivre des Clermontois. (Clermont-Ferrand. Puy-de-Dôme)

18. Le vicomte et la vicomtesse montent en wagon à Dijon pour aller à Toulon. (Côte-d'Or, Var)

19. Songez donc! le baron Pontdor n'a plus de pognon.

20. -- Mon nom est Léon Cauchon.
    -- Plaît-il?

21. N'écoutons pas le garçon aux cheveux longs qui jure qu'il y a des cochons très longs à Longcochon. (Jura)

22. Le plongeur dit au plombier, "Tu m'as fait un tour de cochon, mais passons l'éponge là-dessus."

23. "Mon savon, c'est Monsavon." -- Advertising slogan

24. Mon bon monsieur, "Pompon" Pompidou n'était pas pompier.

25. Disons au patron que tous les pompistes sont pompés.

26. Ce bonze pompeux fait des pompes pour perdre son bedon.

27. Son patron ronchon le suit comme son ombre.

28. Delzongles se ronge les ongles.

29. Bontoux est bronchitique. Réconfortons-le.

30. Monsieur Mondon renonce au monde et à ses prompes: il se consacre à l'élevage des pigeons.

31. C'est à Londres que Ninon rencontra le pilote d'avion de chasse Roncon.

32. Malgré mon admonition, Alphonsine continue à fréquenter ce fripon.

33. Assez de méditation, fiston; la tondeuse à gazon t'attend.

34. Mon bichon, il n'est pas de bon ton d'être si bougon.

35. Ma biche, c'est à contrecoeur que je te contredis, mais c'est au nom de la raison.

36. Au fond, vos convictions sont bien fondées, Madame Fonton.

37. Les Dufond font reconstruire leur maison de fond en comble.

38. Mon confrère Raymond Raymond habite une maison fort confortable.

39. La façon dont ce conducteur de camions conduit confond l'imagination.

40. On a promptement condamné les conspirateurs à la prison.

41. Léonce tond la toison du mouton à l'ombre d'un orme de montagne.

$$\tilde{œ}$$

1. Cet humble habitant de Melun emprunte de l'argent aux Aubrun. (Seine-et-Marne)

2. Les Humblot et les Humbert empruntent les uns aux autres.

3. Demunter est à jeun depuis lundi.

4. Chacun des chefs de la junte se réfugia dans la jungle.

5. Quelqu'un devrait signaler à Humbaire que "les uns" et "les Huns" ne sont pas homophones.

6. De Mun a mangé du munster chez les Lebrun à Munster. (Haut-Rhin)

7. Selon Puntel, Brun habite Verdun sous un nom d'emprunt. (Meuse)

8. La défunte était originaire de Dun ou de Dung, de l'un ou de l'autre. (Ariège, Doubs)

9. Les uns croient que Trunde est de Trun; les autres, de Bun. (Orne, Hautes-Pyrénées)

10. D'après les Untel, on ne peut se procurer aucun parfum à Mun. (Hautes-Pyrénées)

<u>oi</u> (wa)

1. Grégoire, apporte du café noir à monsieur Lenoir et donne un biscuit à son chien Noiraud.

2. Voici Boileau et Boivin qui viennent sûrement boire plus d'un doigt de vin.

3. Ma foi oui, Benoît a les foies car c'est la deuxième fois que son médecin de Foix l'a prévenu que son foie est gravement atteint. (Ariège)

4. Dubois croit que le bois utilisé pour cette boiserie pousserait un homme à boire.

5. Ne fais pas l'oie, Oisel, il n'y a pas plus d'oies à l'Oie qu'ailleurs. (Vendée)

6. Quelle boîte! le patron, une vieille noix du nom de Denoix, aboie constamment contre ses ouvriers, qui sont à moitié morts la moitié du temps et privés de la moitié de leurs droits.

7. Ce drôle d'oiseau Loiseau prétend descendre d'une famille de rois, mais son voisin Loison s'en fiche royalement.

8. Toine, dis à la baronne de Beaumanoir qu'on ne fait pas la toilette d'une voiture en toilette de bal.

9. Mademoiselle Coiffard passe une bonne partie de sa vie devant sa coiffeuse et chez le coiffeur.

10. Françoise, toi et moi allons vivre royalement rue de Poissy dans un appartement trois fois plus grand que ce trou moisi.

11. Ambroise, tourne à la troisième rue à droite, va tout droit et bientôt tu verras le palais de Marly-le-Roi droit devant toi. (Yvelines)

12. Décoré de la Croix de guerre, Delacroix est heureux que la Croix de Lorraine l'ait emporté sur la croix gammée.

13. C'est la poisse! le poissonnier Poisson n'a plus de poisson fumé!

14. Quoi! la chère moitié de Poivret doit aller à Poivres pour n'acheter qu'un peu de poivre? (Aube)

15. Mme Antoine croit que sa fille Antoinette croît en beauté tout en prenant du poids.

16. Geoffroy Froidure résiste mal au froid à Froideville pendant la saison des grands froids. (Jura)

17. Godefroy, dis-moi: dois-je me tenir coi à Blois? (Loir-et-Cher)

18. Aurons-nous la joie de revoir mademoiselle Lajoie à Joyeuse? (Ardèche)

19. -- Quoi, c'est toi, Boissy?
-- Oui, c'est moi de retour de voyage.
-- De Boissy-le-Bois? (Oise)
-- Non, de Boissy-le-Repos. (Marne)

20. Une de mes voisines de Voisines boite, souffre de la poitrine et a un goitre, mais, crois-moi, elle garde sa joie de vivre et ne se plaint de quoi que ce soit à qui que ce soit. (Yonne)

21. Voyons, Voiron, même la Mère Oie saurait qu'on ne gagne pas beaucoup de voix en noircissant la réputation de son adversaire.

22. M. Poirier garde une poire pour la soif. Pourtant, il a de quoi vivre comme un roi pendant cent ans.

<u>ou</u> (u)

1. Le poupard des Poupon joue à la poupée à la pouponnière.

2. La nounou de Loulou met son nounours avec tous ses autres joujoux.

3. "Frédé, touche pas au toutou Filou!" s'exclama Bougon.

4. Poulou, commande au toutou d'apporter mes babouches rouges.

5. Le bout de chou des Dechoux se couvre de boue.

6. Le boum, boum, boum du petit tambour rend fous les Grouchy.

7. Mon loup, pousse la poussette. Je suis à bout de souffle.

8. Chou, ton tatouage me dégoûte.

9. Sa douce rougit toujours quand il se mouche avec un mouchoir de cou.

10. La bouchère se bouche les oreilles quand le boucher la blâme de bouchonner le petit Raoul.

11. Leurs poules couvent, leurs choux poussent, les Ladoucette se la coulent douce.

12. Sansoulet dit que Soucy est sans sous ni soucis.

13. Comment Soucy peut-il être sans soucis si Soucy est sans le sou?

14. Arnoux avoue qu'About est à bout de ressources.

15. Si ce riche Rouennais tout-fou à la barbe touffue continue à jouer à la roulette, il passera le reste de ses jours à rouler une brouette.

16. Selon ta bourse, gouverne ta bouche. -- Proverb

17. Un voyou de Vouvray courtise cette couturière douceureuse. (Indre-et-Loire)

18. Au bout de la route, la boueuse a coupé le souffle au boueur en lui jetant les bras autour du cou.

19. Louis Lamoureux est amoureux de Désirée Damour.

20. Le cousin de Delphine Delamour est fou d'amour pour une chouette poupée de Plou. (Cher)

21. En faisant le tour de Tombouctou, Detournay a tourné la tête d'une éblouissante touriste tourangelle. (Tours. Indre-et-Loire)

22. Le roux Leroux admire les rousses des Rousses. (Jura)

23. Ladousse avoue que la douce demoiselle de Douzy est douée. (Ardennes)

24. Tous les jours, ce glouton de Gousse se bourre de nourriture peu nourrissante. (Landes)

25. Qui goûte de tout se dégoûte de tout. -- Proverb

26. Bouffard boude si la bouffetance ne contient ni choucroute ni soupe aux choux.

27. Abdou savoure du couscous et un coup de rouge en écoutant une chanson de Miou-Miou.

28. Est-il possible que le bouillant Louis Louison savoure la bouillabaisse de ce boui-boui?

29. Seulement cent sous pour la soupe du jour? Vous voulez rire, Voulet!

30. "Mon minou Mysouf change du tout au tout," ajoute Doutre.

31. Tout à coup, la souris est rentrée dans le trou.

32. "Sait-on si une souris sourit ou si une mouche se mouche?" dit Mouchet en riant.

33. Le hibou mort est couvert de mouches et de moustiques.

34. Le fougueux fournisseur Fournier amena son toutou à la fourrière dans sa fourgonnette.

35. L'harmonie règne dans la basse-cour de Descours: les dindons glougloutent, les poules gloussent et les tourterelles roucoulent.

36. -- Ça boume, Boumard?
    -- Pas du tout, Boutard, j'ai marché sur une bouse.

37. Qui se loue s'emboue. -- Proverb

38. Aujourd'hui, Bouchet sert de bouche-trou pour Debouzy.

39. "Quel boulot, bougre de bougre!" bougonna Bougon.

40. Fourre, le fourrier fou-fou, ne sourcilla pas en accusant Mouthon de mal nourrir ses moutons.

41. Noue, dénoue, renoue. -- Play by Constant Regard

42. Coupard découpe des coupons toute la journée.

43. Jean-Loup Louet loue un appartement en Louisiane.

44. Pierre qui roule n'amasse pas mousse. -- Proverb

45. Chouette! le chouchou du prof va planter ses choux à Choux. (Jura)

46. Doudou doute que Doudet visite Doudeville. (Seine-Maritime)

47. Que fourre Fourret dans son fourre-tout?

48. Louvet nous a rappelé qu'il faisait un froid de loup à Louveciennes ce jour-là. (Yvelines)

49. Detou tient tous les atouts, ça coule de source.

50. Le coureur cycliste Courrier aura toujours son couvert chez les Courrière.

51. Touchard nous a touchés tous par son discours touchant.

52. Hourrah! Louise a trouvé ma houppe à poudre sous une housse.

53. Une douzaine de scouts d'une troupe toulousaine ont été douloureusement éprouvés pendant l'expédition. (Toulouse, Haute-Garonne)

54. Selon Bouget, ce jour-là tous toussaient et faisaient atchoum dans ce bouge.

55. Soûl comme une bourrique, le soudard bougonnait en descendant le boulevard Bourdon.

s̲ intervocalic (z)

1. A ses heures creuses, cette Rose tout en rose taille les rosiers de sa roseraie de Rosières. (Haute-Loire)

2. Arrosons l'arroseur des roses avec une rasade de vin rosé.

3 Les épousailles de ma voisine Gisèle et du philosophe Basile auront lieu à Toulouse, la "ville rose." (Haute-Garonne)

4. Le photographe La Rose réduisait Rosalie au désespoir: quand ses photos n'étaient pas sous-exposées, elles étaient surexposées.

5. La petite Roselyne a besoin de se reposer: elle a attrapé la roséole.

6. La cuisine de ma cousine Rosine est nuisible à la santé.

7. L'ancien maquisard, une rosette à la boutonnière, expliquait au jeune Derosier ce que c'était la Résistance française.

8. Une mauvaise surprise attendait Mademoiselle Rosemonde à cette surprise-partie de Venise.

9. "Coca-Cola, la pause qui repose." -- French version of the advertising slogan "Coca-Cola, the pause that refreshes."

10. Mon trésor, tu as besoin d'un désodorisant.

11. Qui s'excuse s'accuse. -- Proverb

12. La marquise creuse sa propre tombe en s'empiffrant de lasagne.

13. Élisabeth, offre des fraises ou des framboises à Isabelle.

14. Cette serveuse niçoise est visiblement nerveuse. (Nice, Alpes-Maritimes)

15. De façon osée, Josée a osé poser un baiser sur le front de Joseph.

16. "Un baisemain empesé ou une bise chaleureuse -- tous deux me plaisent également," plaisante Anastasie.

17. Ce drôle d'oiseau a donné un baiser d'oiseau à une demoiselle de Baisieux. (Nord)

18. Cette Hongroise frisée a un faible pour mon cousin de Lisieux. (Calvados)

19. Sur quoi te bases-tu pour jurer qu'Adam admire sans réserve cette jeune fille d'allure réservée au visage basané?

20. Brice Brisepierre est un brise-tout: il brise aussi indifféremment un coeur, un accord, une grève ou un verre.

21. Odilon osa temporiser lorsqu'Odile osa lui proposer une date de mariage.

22. Éponine refuse d'épouser ce parasite de Besançon. (Franche-Comté)

23. Blaise a le coeur brisé comme le vase de Soissons. (Aisne)

24. Deguise ne déguise pas la vérité: il dévisage sans déguisement la demoiselle d'honneur Rose-Marie.

25. Suzanne ne déposera jamais les armes devant la faiseuse de mariages qui la rend furieuse.

26. Faisandier faisait quelque chose de très faisable pour lui: il faisait l'élevage des faisans.

27. La cuisinière parle avec effusion de la cuisine spacieuse dans laquelle elle cuisine.

28. "On peut être bien casé sans être casanier," observa le philosophe.

29. Elle désespère et elle a des crises de nerfs, car leur budget familial se déséquilibre démesurément.

30. Dès le présent, Désiré saura qu'il n'est jamais désirable de friser la misère.

31. Charlotte choisira parmi plusieurs chaises et ne lésinera pas.

32. Ce rusé est en prison pour avoir osé mettre le feu à la maison des Maisonneuve.

33. La séduisante voisine des Voisinet use et abuse des plaisirs de la vie.

34. La conduite scandaleuse de la demoiselle de la rue des Malmaisons fait jaser.

35. Gisèle, jalouses-tu cette villageoise à la mine joyeuse qui jase comme une pie?

36. Héloïse se déshonore en se disant blasée.

37. Françoise méprise l'oisif de Noisy-le-Sec à qui elle m'a présenté. (Seine-Saint-Denis)

38. Madame Chose trouve déplaisantes vos plaisanteries de caserne.

39. Élise, fais-moi le plaisir d'écrire plus lisiblement: ton écriture est souvent illisible.

40. Comparaison n'est pas raison. -- Proverb

41. Ledésert cause dans le désert: ni César ni Césarine ne l'écoutent.

42. Ambroise s'avisa que les accusations de l'accusatrice étaient sans fondement.

43. À ma grande surprise, Isaïe, d'ordinaire indécis, n'a pas hésité à saisir l'occasion.

44. Derathe, on ne dératise pas une maison désertée pour un prix dérisoire.

45. Désirée ne désire pas que la vice-présidente préside à la place de la présidente malade.

46. Je suis désolé de te désappointer en te disant que le patron a désapprouvé notre projet.

47. Josianne, il serait déraisonnable, même inexcusable, de rejeter une proposition si séduisante.

48. Pouvant disposer d'un long loisir, Louise Louisy partit pour la Louisiane.

49. Lise, je n'ai pas saisi le nom de l'endroit. Ce malaise vous a-t-il saisi en Malaisie ou en Silésie?

50. Cette Japonaise travailleuse respecte scrupuleusement les usages de ses voisins parisiens.

51. Causeret cause de la générosité qui caractérise Isolde Iselin.

52. Ce monsieur Chose aux cheveux grisonnants et à la chemise empesée est un grand amateur de mots croisés.

53. Louisette Louison dit que cette étoffe résiste bien à l'usure.

ss (s)

1. Tout passe, tout lasse, tout casse. -- Proverb

2. "Si Cassandre continue à casser tant de tasses, il y aura de la casse!" cria Cassou.

3. Le très casseur Cassard a cassé quatre assiettes à dessert et cinq tasses.

4. Casset n'invitera plus jamais ce haïssable casseur d'assiettes à casser la croûte et à boire un verre de cassis.

5. Assez de jacasserie! Agissons, essuyons les assiettes, décrassons le linge, époussetons les coussins.

6. L'ambassadeur abyssynien n'est pas dans son assiette ce soir.

7. Le grand chasseur Chassard s'intéresse à la chasseresse de Sassy. (Calvados)

8. Rencontrant la bassoniste Barbara dans la rue Bassompierre, le bassiste Basset l'embrassa.

9. La noblesse est la qualité maîtresse de la vachère de Vacheresse. (Haute-Savoie)

10. Assurément, le succès de l'assureur Assy serait assuré s'il avait un peu plus d'assurance.

11. Son assistant Assier pense qu'il serait avilissant d'assister à cette assemblée de paperassiers.

12. Delasalle se délasse en écoutant la musique de Debussy.

13. Mme La Salle se lasse de faire la lessive.

14. "André, le chausseur sachant chausser." -- Advertising slogan

15. Ces chaussures ne le chaussant pas bien, Chaussat se chausse avec un chausse-pied.

16. Le brossier Brosseau brosse ses chaussures avec une brosse à chaussures.

17. Chaussade fait ressemeler ses chaussures de chasse.

18. Casseau se déclasse en se promenant déchaussé sur la chaussée.

19. Bien saucissonnée dans ses atours, la princesse saucissonnait sur l'herbe avec son Altesse sérénissime.

20. Au bureau, Dessagne est-il au-dessus ou au-dessous de Dessaigne?

21. Mieux vaut sagesse que richesse. -- Proverb

22. Le richissime Masson amasse sans cesse pour sa vieillesse.

23. L'ignorance crasse et l'étroitesse d'esprit de Crassat sont ahurissantes.

24. Les Froissart paraissent se froisser du refroidissement de notre amitié.

25. Poissonnard est inassouvissable pour les poissons que lui vend un poissonnier de Poissy. (Yvelines)

26. Ulysse Labrusse habite-t-il rue de Passy ou de Poissy?

27. L'ambassadrice à la tignasse rousse ne sert que des boissons rafraîchissantes.

28. Selon le garde-chasse, l'archiduchesse perdit connaissance en entendant le rugissement d'un lion.

29. La duchesse et la comtesse font des exercices d'assouplissement sous le sassafras.

30. Qui se ressemble, s'assemble. -- Proverb

31. Ce grand gosse t'a-t-il embrassée sur la bouche à Sasseville? (Seine-Maritime)

32. La Russe rousse qui sort avec Gus a de la classe.

33. La Suissesse aux jolies fossettes possède un titre de noblesse.

34. La fillette aux tresses épaisses a tressailli en se voyant dans un miroir grossissant.

35. Ce grossiste grossier grossit.

36 Très stressée, Estelle engraisse et mange excessivement.

37. Les Lajeunesse se durcissent en vieillissant.

38. Grandisson se demande si nous grandissons nécessairement en sagesse en vieillissant.

39. Les mots "obéissance" et "soumission" n'existent pas dans le glossaire du gosse des Gosset.

40. Cette fois ce dégueulasse s'est surpassé en commettant une scélératesse impardonnable.

41. Ce cossard cossu se prélasse toute la semaine.

42. Essayons de les dissuader de se débarrasser du caissier dissipé.

43. L'essayiste Essayie essaie de cesser de fumer, mais cela le dépasse.

44. Ce missionnaire est en mission dans une mission du Mississippi.

45. Les Toussaint passent la Toussaint à Toussaint. (Seine-Maritime)

46. Applaudissons à l'unisson le type compatissant qui nous a débarrassés de cette paperasserie abrutissante.

47. Pressez-vous de passer ces rafraîchissements aux messieurs de Messanges. (Landes)

48. Ne lassez pas la patience de ce bonhomme en lui demandant un laisser-passer. Laissez-le passer.

49. Quelle est l'adresse du graisseur de Graissessac qui a graissé le châssis de votre voiture? (Hérault)

50. Pierre qui roule n'amasse pas mousse. -- Proverb

51. Ce fumiste prétend qu'il marche sur des échasses dans le ruisseau pour ne pas s'encrasser.

52. "le Rousseau du ruisseau" -- Appellation applied by critics to Restif de la Bretonne, author of some 400 licentious works

53. Un colosse puissant poussait le pousse-pousse.

54. "L'ail vient en gousse, la vigne en pousse; la poule glousse, le rageur mousse, la jeunesse pousse, le poitrinaire tousse, et l'éternité le pousse." -- Commerson, Pensées d'un emballeur

s intervocalic (z) and ss (s)

1. Jeunesse paresseuse, vieillesse pouilleuse. -- Proverb

2. Dans son ardent désir de réussir, Josiane besogne incessamment.

3. En causant avec moi dans la rue Guisarde, Lebuisson m'a appris que son fiston faisait l'école buissonnière.

4. Papa ne biaise pas en m'avertissant que si j'abuse des boissons alcoolisées, je porterai un jour une besace de mendiant.

5. Roseline, ne déraisonne pas, papa ne te dépossédera pas si, à dessein, tu dépasses légèrement la limite de vitesse.

6. Ce gosse grassouillet fraternise avec ses petits voisins.

7. En se promenant bras dessus bras dessous, Ambroise et Élisabeth s'embrassent de temps en temps.

8. Une auto qui passait dans la rue de Bellechasse éclaboussa la rieuse hôtesse de l'air hollandaise.

9. Maryse Frissard frissonna quand elle vit comment la coiffeuse lui avait frisé les cheveux.

10. Il est inadmissible qu'il n'y ait pas de classe de physiologie ce matin sous prétexte que le professeur Agasse soit un peu indisposé.

11. Mes anges, j'ai reçu un message de Messanges qui me démoralise. (Landes)

12. Déception cuisante! cette rosse rusée a encore tué un rossignol.

13. Dans sa méticulosité, Clarisse Choiseul choisit d'enlever le moisi du pain rassis avant de le jeter aux oiseaux.

14. De la moisissure sur les lasagnes? Impossible, Ulysse.

15. La salaison du poisson est une besogne salissante.

16. Le poissonnier braise un poisson sur son nouveau brasero.

17. L'ambassadrice paraissait s'amuser à passer et à repasser ses amuse-gueules appétissants.

18. Pour Françoise il est démoralisant de laisser de côté tout dessert grossissant.

19. Ma voisine de Voisines est assez fière de ses assiettes à dessert suisses. (Yonne)

20. Casimir se casse la tête à décider qui payera la casse des vases de cristal.

21. Quelle bêtise! M. Chose entasse des choses graisseuses sur les coussins de la causeuse.

22. Selon sa cousine cossue, le coussinet de Marie-Lise a été cousu à la main.

23. Il serait positivement impossible aux Passy de passer la soirée à regarder tes diapositives.

24. Sans discussion possible, mademoiselle Chose s'amuserait même dans un désert.

25. C'est à cause des Dessange que les vieux du dessous ne peuvent se reposer.

26. Disons simplement que l'homme à tout faire, Passavant, dépassa les bornes en dévalisant la maison de la duchesse.

27. Selon cette hypothèse intéressante, Denise Denisse se fit dévaliser par sa propre négligence.

28. Césarine vante la musique de César Franck; Rosine, celle de Rossini et de Massenet.

29. La Hambourgeoise que les Connesson connaissent s'extasie sur la musique hongroise.

30. Désiré, penses-tu que ce dessin de Picasso laisse à désirer?

31. Cette bourgeoise aisée s'est inscrite dans une association de bienfaisance à Carcassonne. (Aude)

32. Carcassin se décarcasse à décaisser ces marchandises d'occasion.

33. La guide blondasse aux joues creuses nous a montré les curiosités de Soissons. (Aisne)

34. À la caisse enregistreuse, pendant qu'Aimé réglait ses marchandises, la caissière l'a caressé du regard.

35. Cette chercheuse d'or rousse confesse que pour elle la chasse est toujours ouverte: elle est à la recherche d'un homme fabuleusement riche.

36. Chose assez curieuse, Cassin, le casse-cou de ma connaissance, refuse de jouer au casino de Monaco.

37. Dans une brasserie de Grasse, le grisonnant Legris explosa quand un Grassois lui dit qu'il grisonnait. (Alpes-Maritimes)

38. Joseph, aurais-tu la complaisance de me dire pour quelle raison le commissaire de police s'intéresse à ton fusil de chasse?

39. Avec une franchise désarmante, Palisse m'a parlé de la désastreuse dépression nerveuse qui l'avait laissé désespéré et désargenté.

40. On serait bien avisé de faire l'analyse du psychanalyste qui s'assoupit dès qu'il s'assoit.

41. Au moment décisif, Decesse décida de se désassocier de ses associés.

42. Cette bonne bourgeoise de la Porte Carrousel envisage un commerce florissant en tissus écossais.

43. Cette entreprise écossaise bat la grosse caisse pour vendre des cornemuses.

44. Nourrissier, ne vous nourrissez pas d'illusions: il faudra mobiliser toutes les ressources de la nation pour l'industrialiser pleinement.

45. Désormais cette administration soi-disant progressiste ne se désintéressera plus des chômeurs.

46. Il est déplaisant de passer des heures à désinfecter et à déodoriser ces établissements.

47. Tu désires que je creuse des fossés? Ne débite pas de fadaises, vieux fossile.

48. Lisette lisait la rubrique des chats écrasés quand un bus qui passait l'a éclaboussée.

49. Heureusement, les affreuses blessures de ce blessé de guerre cicatrisèrent.

50. L'emphysème de l'épouse du généralissime est inguérissable.

51. Mademoiselle Brissac, cela me brise le coeur de vous aviser que, brisé par la douleur, le Brésilien aux cheveux en broussaille est retourné au Brésil.

<u>th</u> (t)

1. Ruth joue du luth, Barthélemy, de la cithare.

2. Matthieu Thieu s'enthousiasme pour les maths; sa soeur Mathilde, pour l'anthropologie.

3. Le fort en thème Anthelme prépare méthodiquement une thèse sur la thermothérapie.

4. L'athlétique Arthur Thuret n'est pas un marathonien, il pratique le décathlon.

5. L'ethnologue Esther n'est plus ni léthargique ni apathique après sa cure aux eaux thermales de Vittel. (Vosges)

6. Zeth est d'Eth; Berthe, de Rethel. (Nord, Ardennes)

7. Laquelle des deux soeurs Thibault, Marthe ou Nathalie, Théophile trouve-t-il plus sympathique?

8. Catherine Catherin est tombée amoureuse d'un orthodontiste thaï à Athènes.

9. Hélas! Thérèse Thérésine jure qu'elle n'épousera pas Thierry Théry pour tout le thé de Chine.

10. C'est un mythe que Timothée Mothe tua une panthère en Éthiopie.

11. Thomas et Thomasine Thomas pêchent le thon.

12. Nous sympathisons avec la très arthritique Mme Arthaud.

13. Ce philanthrope de Thizy gesticule théâtralement. (Rhône)

u̲ (y and ɥ)

1. Prudence est prudente, mais nullement prude.

2. Prudence est mère de sûreté. -- Proverb

3. Arthur refuse absolument de passer la nuit dans ce sac à puces.

4. "Le mufle de Namur qui m'a vendu l'humus m'a grugé!" murmura Murat.

5. Le juge accuse ce tartuffe d'avoir usé d'une ruse pour duper une dame Unetelle d'Ussy. (Calvados)

6. "Je hais cruellement la cruauté." -- Montaigne, Essais

7. Le juge Jugie juge l'affaire de la rue Juge jugeable.

8. Julie, juge de ma surprise en apprenant que ce juge chenu pratique le judo.

9. Suzanne Suard sue sur son étude sur Ubu roi.

10. On aurait pu, et dû, dire à ce dur d'Ur que qui veut durer doit endurer. (Pyrénées-Orientales)

11. Gustave est ému à la vue de la dulcinée de la rue des Dunes.

12. Bruno Bruneau brûle de connaître mieux la brunette qui le sert à la buvette.

13. Auguste, as-tu entendu ce que Marius susurrait à cette Vénus d'usine?

14. La future de Fulminet fulmine contre les fumeurs qui refusent de fumer dans le compartiment fumeurs.

15. "Durocher a usurpé ma place," murmura Duroc.

16. Au vu et au su de tous, le duc à la perruque brune trouve répugnant l'aqueduc qui traverse ses terres.

17. "Il est humiliant d'être mordu en visite par une puce ou une punaise," dit Puchu.

18. Hurrah! le hurlement du chien et le hululement du hibou ont cessé!

19. Ce puma pue plus qu'un putois.

20. Est-il juste de turlupiner Turlure pour avoir préféré le luth à la flûte?

21. Chut, Lulu! Bussy joue une fugue de Debussy.

22. Zut, zut et zut! ce hurluberlu de conducteur a culbuté le pupitre à musique!

23. A la chute du rideau, Gugusse fut tumultueusement applaudi.

24. Tu as vu le tutu de Julie?

25. Je suis venu
    J'ai vu
    J'ai cru   -- May 1968 graffiti

26. Les pustules purpurines de Prudhomme suppurent graduellement.

72

27. -- La bru des Brunet s'est brûlée en allumant une Lucky Strike avec une allumette de sûreté!
    -- Sans blague?

28. Ce bureaucrate de Bû a usé et abusé du jus de la vigne. (Eure-et-Loir)

29. Sûrement le but du bureaucrate buté Debureaux est de succéder au patron.

30. Luneau serait dans la lune s'il obtenait un poste lucratif à Lunéville. (Meurthe-et-Moselle)

31. "Turlututu! si la trufficulture peut produire des ulcères, elle ne tue pas," s'exclama Truffier.

32. Ursule Urruty aime également les prunes et les pruneaux.

33. Ce serait vraiment curieux si plusieurs Lucs habitaient Luc et plusieurs Lucies, Lucy. (Aveyron, Seine-Maritime)

34. -- Qu'est-ce que c'est que ce trucmuche que Lucille Luce a acheté à Lucerne?
    -- C'est une amulette turque.

35. Ce consul truculent respecte les us et coutumes de la Turquie.

36. Hubert, es-tu sûr que ces bulbes de tulipe viennent de Hollande?

37. Les Résistants luttaient pour construire une France "pure et dure."

38. Juste ciel! l'accusé Durand jubile tout en se jugeant perdu.

39. Je t'assure que mon assureur Muller est têtu, plus têtu qu'une mule.

<u>u</u> (y, ɥ) and <u>ou</u> (u)

1. Quand le poupon de Suzette ne suce pas une sucette, il suce son pouce.

2. Julie, joue avec ta poupée ou avec ton ours en peluche.

3. Tu as vu Toutouque, le tout petit toutou de Lulu?

4. Huguette Houguet décrit coup après coup la lutte entre les chiens Kouky et Fourrure.

5. Guy Guiroux a vu un ours à la chute du jour.

6. Plus les hulottes hululent, plus Bouchet se bouche les oreilles.

7. Hurlant de fureur, Hurlin accusa Hourlier de toujours hurler avec les loups.

8. Plus on remue la boue, plus elle pue. -- Proverb

9. Au pourceau l'ordure ne pue point. -- Proverb

10. Le bûcheron Buchou se bouche le nez en passant devant une bouche d'égout.

11. Cette prudente Russe rousse refuse de jouer à la roulette russe.

12. Loulou et Suzy suent souvent sous leurs fourrures russes.

13. "Brunswick, le fourreur qui fait fureur." -- Advertising slogan

14. Des goûts et des couleurs on ne dispute point. -- Proverb

15. Ce goulu mangerait goulument tout ce qui figure sur le menu d'un buffet de gare.

16. C'est curieux: Jousset mange du couscous sous le jujubier.

17. Ursule Oursel est émue à la vue du joueur de flûte moustachu de Toulouse. (Haute-Garonne)

18. Prunet, regarde combien Juliette joue de la prunelle lorsque Jules joue de sa surdité.

19. Comment peux-tu me susurrer que tout sourit à Louis quand Louise ne lui sourit plus?

20. Ce bougre de la rue de Tournus est un coureur de jupons.

21. -- Es-tu sûre que Plouffe t'ait plue?
    -- Sans aucun doute!

22. "Plaisir d'amour ne dure qu'un moment,
    Chagrin d'amour dure toute la vie."
    -- Jean-Pierre Claris de Florian

23. Il y a tout juste un an, jour pour jour, Lucie Dunoyer épousa Luc Duchêne.

24. Comment tourne la roue de la fortune pour les Muller de Mulhouse? (Haut-Rhin)

25. Auguste, mon petit chou, je t'ai demandé d'acheter du chou rouge au supermarché et tu as acheté de la choucroute.

26. La bru des Dru a mis la boutique sens dessus dessous.

27. Je ne sais pas si je serai au-dessus ou au-dessous de Dussy dans ce bureau.

28. "Tout pouvoir abuse. Le pouvoir absolu abuse absolument."
    -- May 1968 graffiti

29. Budet boude, Roussel rouspète, Cuvier cuve son vin -- voilà nos députés au boulot!

30. Jusqu'ici, le jusqu'au-boutiste Buttard n'a pas reculé d'un pouce.

31. En voulant sauter jusqu'à la lune, Bouet est tombé dans la boue.

32. Ce bourreau de travail qui se tue à la tâche risque de nous tuer tous.

33. Coupons court à la discussion puisque Couture et Aucouturier sont à court d'arguments.

34. Dufer est un dur de dur; Doucet, la douceur même.

35. Le buté Detour a pour but de toujours aller droit au but, sans détour.

36. On aura tout vu! Marius ne pousse plus de rugissements de colère!

37. Poussons trois hourras! Justin, qui fumait comme un sapeur, ne fume plus!

38. Je suis tout à fait sûr que Lucette était soûle. Pourtant, bouche cousue, cousin.

39. Selon le journal du jour, le boutiquier du boulevard Suchet est au-dessus de tout soupçon.

40. Au vu et au su de tous, la duchesse a dû écourter son séjour à Douzy. (Ardennes)

41. Prudence, par-dessus tout, ne roupille pas au volant. La route tue.

42. Suzy Souchet ne se soucie plus de sa sécurité maintenant qu'un serrurier a installé des verrous de sûreté dans son studio.

43. Zut, zut et zut! Nous avons appris que Fourtout nous a vu courir dans la rue du Four.

44. Pourvu qu'une telle chute des cours en Bourse ne se multiplie pas!

45. Arthur Audouze a tout au plus trente ans.

46. En toute justice, Gus Grouchy devrait inviter Auguste Gousse à sa surboum.

47. Oui, Couperin et Gounod ont vu le jour à Paris; Debussy, non.

48. N'oublions pas que les Résistants français luttaient pour une nouvelle France, "une France pure et dure."

49. Tu parles d'une confusion! Dans cette rue, Boucher est boulanger, et Boulanger est boucher.

50. A-t-on jamais vu Pompidou et Couve de Murville debout au bout de la rue du Louvre?

51. Tous les buts étant occupés, Boudreau essayait de frapper un coup de circuit.

u̲i̲ (ɥi)

1. Trop gratter cuit, trop parler nuit. -- Proverb

2. "Je suis cuit, dit le cuisinier, puisque, m'étant cuité, j'ai trop cuit les cuisses de grenouille."

3. Celui qui aime nuire à autrui se détruit.

4. Puis, Puissesseau conduisit Puissochat à Puimichel. (Alpes-de-Haute-Provence)

5. Puis, le puîné des Dupuis, puisatier de profession, tomba dans un puits au Puy. (Haute-Loire)

6. Ce Suisse puissant s'épuise à enlever la suie de notre cheminée.

7. Muni de cuissardes, Cuisset attrapa une truite reluisante dans un ruisseau de Ruisseauville. (Pas-de-Calais)

8. Lui est de Suippes, elle du Buisson. (Marne)

9. Le huit juillet, le fruitier accusé, un dur à cuire, a fui de chez lui.

10. Le bruit de la pluie sur les tuiles, le bruissement des feuilles, le cui-cui des oiseaux -- tout m'ennuie, mais je suis ce que je suis: un névrosé.

Part Two
Miscellaneous Classroom Devices

A lexical minefield

Generally speaking, comic relief is very well received by the captive audiences in our classrooms. The French sentences here below, laden with lexical booby traps, are bound to engender laughs as even advanced students of the language seek to avoid them while attempting to translate them, orally or in writing, without the aid of a dictionary. They welcome being served a limited ration of such heavy verbal nourishment from time to time.

1. Après avoir fait une centaine de pompes en cinq minutes, le pompier est tombé dans les pommes.

   After doing about a hundred push-ups in five minutes, the fireman fainted.

2. Maintenant que cet hercule ne fait plus de tractions, il fait des haltères.

   Now that this professional strong man no longer does push-ups, he lifts weights.

3. Aujourd'hui, Joubert joue au billard; demain, il passera sur le billard.

   Today, Joubert is playing billiards; tomorrow, he will be operated on.

4. En taillant sa haie, le docteur Taillebois maudit la profusion de surgeons.

   While trimming his hedge, Doctor Taillebois curses the profusion of suckers.

5. Il n'a pas besoin d'un médecin pour lui dire qu'il file du mauvais coton.

   He doesn't need a doctor to tell him that he's in a bad way physically.

6. Notre plombier a cassé sa pipe.

   Our plumber kicked the bucket.

7. Mon médecin m'a dit que j'ai la langue bien pendue.

   My doctor told me that I have the gift of gab.

8. Moi, servir de cobaye? Jamais de la vie!

   I serve as a guinea pig? Not on your life!

9. Hier soir, Germain, mon cousin germain, a fait la bombe. Ce matin, il n'est pas dans son assiette.

   Yesterday, my first cousin Germain went on a binge. This morning, he's feeling out of sorts.

10. Malheureusement, cette vedette du tennis aime lever le coude.

    Unfortunately, this tennis star likes to drink.

11. Ce pigiste mange comme un ogre.

    This free-lance writer eats like a horse.

12. Ce vacher a toujours mangé de la vache enragée.

    This cowherd has always had a hard time of it.

13. Le nouveau caissier a mangé la grenouille et a pris ses jambes à son cou.

    The new cashier appropriated the deposits and took to his heels.

14. Je ne vais pas tourner autur du pot, Painchaud. Ton pain perdu est à peine mangeable.

    I'm not going to beat around the bush, Painchaud. Your French toast is hardly edible.

15. Poirier nous a dit entre la poire et le fromage qu'il garde une poire pour la soif.

    Poirier told us over coffee that he is saving for a rainy day.

16. Dolorès, demande au garçon d'apporter la douloureuse, s'il te plaît.

Dolores, please ask the waiter to bring the bill.

17. Quel coup de masse j'ai reçu dans ce restaurant!

How I was soaked in that restaurant!

18. L'aubergiste cherche partout l'aubergine perdue.

The innkeeper is looking everywhere for the lost eggplant.

19. -- Faisons une promenade apéritive, Faisant.
-- Pouah! Attends-moi sous l'orme, Ormesson.

-- Let's take a walk to work up an appetite, Faisant.
-- Ugh! You're going to wait until the cows come home.

20. -- Janine, voudrais-tu faire une balade avec moi?
-- Non, Jean, parce que ça ferait jaser.

-- Janine, would you like to take a stroll with me?
-- No, Jean, because that would set tongues wagging.

21. La belle Isabelle a posé un lapin à Pipard, mais il n'en a pas pipé mot.

The beautiful Isabelle stood up Pipard, but he hasn't said a word about it.

22. Ce fat t'a-t-il heurté exprès, Fanny?

Did this conceited man bump you intentionally, Fanny?

23. Que ce gaucher est maladroit!

How awkward this left-hander is!

24. Cette meurtrière s'est fait la belle.

This murderess has escaped from prison.

25. Je me suis fait pigeonner parce que j'ai acheté chat en poche.

I was taken for a ride because I bought a pig in a poke.

26. Feu le père de Pierre était une bonne poire.

Pierre's late father was easily made a sucker.

27. Ce conducteur d'autobus a roulé sa bosse partout.

This bus driver has knocked about a bit.

28. Les automobilistes détestent avoir à suivre la herse d'un fermier sur une route rurale.

Motorists hate to have to follow a farmer's harrow on a country road.

29. N'ayant jamais attaché ses chiens avec des saucisses, aujourd'hui ce paysan a du foin dans les bottes.

Having always been careful with his money, today this peasant has a lot of it.

30. Ces agriculteurs indigents ont besoin de nouveaux socs.

These indigent farmers need new plowshares.

31. Le duc dit que depuis la construction de l'oléoduc il ne voit plus de grands ducs dans sa grange à foin.

The duke says that, since the oil pipeline was built, he no longer sees any eagle owls in his hayloft.

32. Ma poulette, parfois je suis tenté de tuer cette jacasse bruyante.

My dear, sometimes I'm tempted to kill that noisy magpie.

33. Tandis que nos voisins vivent comme des coqs en pâte, nous continuons à tirer le diable par la queue puisque mon mari ne fait que peigner la girafe.

Whereas our neighbors are living in clover, we continue to be hard up since all my husband does is kill time.

34. "On n'écrit pas un contrat de mariage à l'encre sympathique!" s'exclama le juge!

"A marriage contract isn't written in invisible ink!" the judge exclaimed.

35. Cette femme de ménage devrait se ménager devantage.

This cleaning lady should go easier on herself.

36. -- Jeannot a déjà sali sa salopette!
-- Calme-toi, bobonne, ce n'est pas le diable.

-- Jeannot has already dirtied his overalls!
-- Calm down, dear, it's nothing to worry about.

37. Ce petit cherche le petit coin.

This little fellow is looking for the bathroom.

38. Mon pauvre, une pomme de pin t'a frappé en plein visage?
Peste! Il n'y a pas de quoi fouetter un chat!

Poor fellow, a pine cone hit you squarely in the face? Good
gracious! It's nothing to make a fuss about!

39. Le petit garçon du coiffeur aime bien la barbe à papa.

The barber's little boy is very fond of cotton candy.

40. Tout ce que Christophe veut pour Noël, c'est une canne à
pêche.

All Christophe wants for Christmas is a fishing rod.

41. Hermine a fait la connaissance de ce hippie à une réunion
hippique.

Hermine made the acquaintance of this hippie at a horse
show.

42. Le fils des Plon fait la plonge? Incroyable!

The Plons' son is a dishwasher? Unbelievable!

43. Louise a été mise en pension.

Louise has been placed in a boarding school.

44. Est-ce vrai qu'un héros militaire a hissé le drapeau de la mairie le 14 juillet?

Is it true that a war hero raised the city hall flag on the fourteenth of July?

45. Dans cette station météorologique, monsieur Pluvieux fait la pluie et le beau temps.

In that weather station, Mr. Pluvieux rules the roost.

46. Ces grosses légumes ont le bras long.

These big shots are very influential.

47. -- Tu dis que ton patron aime te chercher des poux dans la tête?
-- Oui, ce beau salaud prend plaisir à essayer de me rouler dans la farine, mais je peux encaisser. Cependant, un de ces jours je vais lui secouer les puces.

-- You say that your boss likes to make trouble for you?
-- Yes, that louse enjoys trying to make a fool of me, but I can take it. However, one of these days I'm really going to tell him off.

48. Il nous faudra tirer les vers du nez à ce drôle de zèbre.

We'll have to worm secrets out of this odd bird.

49. Mon loup, parfois il faut hurler avec les loups.

Love, sometimes you've got to go along with the crowd.

50. Tu peux compter sur ce mécanicien. Il a du piston.

You can count on this mechanic. He has friends in the right places.

A miscellany of abbreviated words

1. "Yves est au sana. Il a subi une thoraco, il a une pneumo de l'autre côté." -- Georges Bernanos, <u>Correspondance</u> ...

   Without abbreviations, this sentence would read: "Yves est au sanatorium. Il a subi une thoracoplastie, il a une pneumonie de l'autre côté."

2. Solange a un problo. Elle doit écrire ce soir une dissert pour son cours de socio, et elle a paumé son dico.

   Solange a un problème. Elle doit écrire ce soir une dissertation pour son cours de sociologie, et elle a paumé son dictionnaire.

3. Après être rentrée de Sciences Po, Cathie s'est fait un déca avec son perco.

   Après être rentrée de l'École des Sciences Politiques, Catherine s'est fait un café décaféiné avec son percolateur.

4. D'ac, Pascale, rendez-vous à la bouche de métro après mon cours de maths. À touta.

   D'accord, Pascale, rendez-vous à la bouche de métro après mon cours de mathématiques. À tout à l'heure.

5. Théo, quand on va bientôt passer le bac, on ne passe pas son temps devant la télé ou au ciné.

   Théodore, quand on va bientôt passer le baccalauréat, on ne passe pas son temps devant la télévision ou au cinéma.

6. Au Resto-U, Ursule de Restaud nous a montré ses beaux chromos de l'Expo de Bruxelles.

   Au restaurant universitaire, Ursule de Restaud nous a montré ses belles chromolithographies de l'exposition internationale de Bruxelles.

7. Le prof de philo et celui de psycho étaient camarades de promo à Normale Sup'.

Le professeur de philosophie et celui de psychologie étaient camarades de promotion à l'École Normale Supérieure.

8. Le prof de géo passe beaucoup de diapos pendant ses conférences.

Le professeur de géographie passe beaucoup de diapositives pendant ses conférences.

9. Après quatre heures de labo à la Fac, Désiré descend le Boul'Mich' pour prendre l'apéro.

Après quatre heures de laboratoire à la Faculté, Désiré descend le boulevard Saint-Michel pour prendre l'apéritif.

10. La prédilection du provo pour l'écolo et les sciences nat saute aux yeux.

La prédilection du proviseur pour l'écologie et les sciences naturelles saute aux yeux.

11. Ce pédago pilota un hélico pendant l'Indo.

Ce pédagogue pilota un hélicoptère pendant la guerre en Indochine.

12. Jo dit qu'il n'y a rien que l'insti craigne autant que la récré.

Joseph dit qu'il n'y a rien que l'instituteur craigne autant que la récréation.

13. Cet ancien insti fait de la pub pour un hebdo parisien.

Cet ancien instituteur fait de la publicité pour un hebdomadaire parisien.

14. Jouissant des bénefs d'une agrèg, Grégoire s'offre parfois des vacances au club Mèd.

Jouissant des bénéfices d'une agrégation, Grégoire s'offre parfois des vacances au club Méditerranée.

15. Après une séance de gym ardue, Frédé va droit au frigo chercher un Pepsi.

Après une séance de gymnastique ardue, Frédéric va droit au frigidaire chercher un Pepsi-Cola.

16. Prends ton imper, Bruno; la météo n'est pas bonne.

Prends ton imperméable, Bruno; le bulletin météorologique ne promet rien de bon.

17. Ce prolo va à son boulot en bus ou en tram.

Ce prolétaire va à son boulot en autobus ou en tramway.

18. La dactylo Danielle est devenue hystéro en apercevant le prisonnier évadé dans le rétro de sa Deuche.

La dactylographe Danielle est devenue hystérique en apercevant le prisonnier évadé dans le rétroviseur de sa Deux chevaux.

19. Cet aristo roule en Rolls, en Jag et en Cad.

Cet aristocrate roule en Rolls Royce, en Jaguar et en Cadillac.

20. Après son accident de moto, le métallo est en convalo.

Après son accident de motocyclette, le métallurgiste est en convalescence.

21. Un mécano de Montparno a réparé le cyclo de Sylvie.

Un mécanicien de Montparnasse a réparé le cyclomoteur de Sylvie.

22. "Peut-on s'acheter un steak dans un self américain comme dans un Resto-route français?" demanda le prof d'agro.

"Peut-on s'acheter un steak dans un restaurant self-service américain comme dans un restoroute français?" demanda le professeur d'agronomie.

23. Colette a bu un Coca avec un Ricain sympa au McDo.

Colette a bu un Coca-Cola avec un Américain sympathique au McDonalds.

24. Si ce para continue à consommer tant de calva, il deviendra complètement alcoolo.

Si ce parachutiste continue à consommer tant de calvados, il deviendra complètement alcoolique.

25. Napo, achète du from au Prisu, s'il te plaît.

Napoléon, achète du fromage au Prisunic, s'il te plaît.

26. Super! C't aprèm, maman m'a acheté un sac en croco à la Mouf!

Super! Cet après-midi, maman m'a acheté un sac à main en crocodile rue Mouffetard.

27. Le surgé s'est acheté un magnéto et un chrono.

Le surveillant général s'est acheté un magnétophone et un chronomètre.

28. Un bon Samaritain acheta un ventilo et un vibro pour l'invalo.

Un bon Samaritain acheta un ventilateur et un vibromasseur pour l'invalide.

29. La sténo en pull et en mini sort avec un Amerlo.

La sténographe en pullover et en mini-jupe sort avec un Américain.

30. Mon beauf m'invite à l'accompagner au Vel'd'hiv'! Sensaas!

Mon beau-frère m'invite à l'accompagner au Vélodrome d'hiver! Sensationnel!

31. Ginette a raté l'occase de rencontrer à Saintrop le gynéco à la gueule sympa.

Ginette a raté l'occasion de rencontrer à Saint-Tropez le gynécologue à la gueule sympathique.

32. Une des monos de la colo, Monique Monod, a attrapé la mono.

Une des monitrices de la colonie de vacances, Monique Monod, a attrapé la mononucléose.

33. Fanny est une fana des mélos à la télé.

Fanny est une fanatique des mélodrames à la télévision.

34. Les amplis de la sono de l'amphi laissent à désirer.

Les amplificateurs de la sonorisation de l'amphithéâtre laissent à désirer.

35. Ce saxo raffole de la musique rétro.

Ce saxophoniste raffole de la musique rétrospective.

36. Ophol est ophtalmo; Maton, rhumato.

Ophol est ophtalmologiste; Maton, rhumatologue.

37. Le dermato Dermond a fait une cuti à la lino Aline.

Le dermatologiste Dermond a fait une cuti-réaction à la linotypiste Aline.

38. Le survé mélanco mentionna le manque d'un transfo.

Le surveillant mélancolique mentionna le manque d'un transformateur.

39. Les permes étant supprimées, ce sous-off n'ira ni à Deauv' ni à Trouv.'

Les permissions étant supprimées, ce sous-officier n'ira ni à Deauville ni à Trouville.

40. Ancien mili, ce vieux pharmaco avait cru que la Grande Guerre serait la der des ders.

Ancien militaire, ce vieux pharmacien avait cru que la Grande Guerre serait la dernière des guerres.

41. Ce colon a servi sous le généchef à Casa.

Ce colonel a servi sous le général en chef à Casablanca.

42. L'homme au micro avait été arrêté à la Libé comme collabo dans la zone nono.

L'homme au microphone avait été arrêté à la Libération comme collaborateur dans la zone non-occupée.

43. Cet intello gaucho traite tout réac de facho.

Cet intellectuel gauchiste traite tout réactionnaire de fasciste.

44. L'<u>Huma</u> prétend que ce sont des cégétistes et non pas des anars qui ont rendu tumultueuse la manif.

L'<u>Humanité</u> prétend que ce sont les membres de la Confédération Générale du Travail et non pas des anarchistes qui ont rendu tumultueuse la manifestation.

45. Véro a lu un article sensaas sur la Sécu dans le <u>Nouvel Obs</u>.

Véronique a lu un article sensationnel sur la Sécurité sociale dans le <u>Nouvel Observateur</u>.

46. Quelle perf'! Ce joueur de foot junior a le talent d'un pro potentiel.

Quelle performance! Ce joueur de football junior a le talent d'un professionnel potentiel.

47. Le cambrio monta sur sa mob et descendit comme un bolide le boulevard Sébasto.

Le cambrioleur monta sur sa mobylette et descendit comme un bolide le boulevard Sébastopol.

48. Le proprio de l'appart va installer un nouveau lino dans la cuisine.

Le propriétaire de l'appartement va installer un nouveau linoléum dans la cuisine.

49. Toto préfère faire de la photo pour les producteurs de docus.

Thomas préfère faire de la photographie pour les producteurs de films documentaires.

A small variety of items for opening a day's lesson

1. Challenging students to repeat flawlessly the following old tongue twister:

   Chasseurs qui chassez sans chien, sachez donc chasser ce chat qui se cache sous ces chiches souches de sauge sèche.

2. Startling a class by stating that "aimer" is the most difficult of all French verbs to conjugate, before familiarizing it with the following quotation:

   "Le verbe aimer est décidément le plus difficile à conjuguer de la langue française: son passé n'est jamais simple, son présent n'est qu'imparfait et son futur est toujours conditionnel." -- Jean Cocteau

3. Reciting on a blue, rainy Monday, the best known of Paul Verlaine's Ariettes oubliées or at least its first stanza, here below:

   "Il pleure dans mon coeur
   Comme il pleut sur la ville.
   Quelle est cette langueur
   Qui pénètre mon coeur?"

4. "Tout le monde parle du temps, mais personne ne fait rien pour le changer."

   "Everybody talks about the weather, but nobody does anything about it." -- Charles Dudley Warner (Often attributed to Mark Twain.)

5. "Si le temps de la Nouvelle Angleterre ne vous plaît pas, vous n'avez qu'à attendre quelques minutes."

   "If you don't like the weather in New England, just wait a few minutes." -- Mark Twain

6. "Mieux vaut un sale temps que pas de temps du tout."
   -- Eugène Labiche

7. "Je consens à mourir, mais je ne veux pas m'enrhumer."
   -- Charles Augustin de Sainte Beuve, umbrella in hand, arriving at a dueling ground

8. La pluie du matin réjouit le pèlerin.
   -- Proverb (A morning rain often augurs a nice day.)

9. Après la pluie, le beau temps. -- Proverb

10. "Voilà le soleil d'Austerlitz." -- Napoléon Bonaparte at the gates of Moscow, September 7, 1812

11. Le soleil luit pour tout le monde. -- Proverb

12. "Une rose d'automne est plus qu'une autre exquise." -- Agrippa d'Aubigné

13. For the week in which Thanksgiving falls: "Neuf dindons sur dix préfèrent être rôtis à l'électricité." -- Sign in a store selling electric appliances

14. "Je lui disais: 'Tu sais qu'il neige dehors?' Il me répondait: 'Il neige plus dans mon coeur que dehors.'" -- Jules Renard

15. "Si l'hiver vient, le printemps peut-il être loin?"

    "If Winter comes, can Spring be far behind?" -- Percy Bysshe Shelley, "Ode to the West Wind"

16. Une hirondelle ne fait pas le printemps. -- Proverb

17. Mars entre comme un lion et sort comme un agneau.

    March enters like a lion and goes out like a lamb.

18. "L'hiver est passé,
    L'hiver est chassé,
    Avril est venu.
    As-tu vu? As-tu vu?" -- Nursery rhyme

19. "Oh! si seulement j'étais en Angleterre
    Maintenant qu'avril est là."

    "Oh, to be in England
    Now that April's there."
    -- Robert Browning, "Home-Thoughts from Abroad"

20. Pour T.S. Eliot avril était "le mois le plus cruel." ("the cruelest month")

21. "Vents de mars et pluies d'avril donnent fleurs de mai."

    "March winds and April showers
    Bring forth May flowers." -- Nursery rhyme

22. Pluies d'avril donnent fleurs de mai.

    April showers bring May flowers. -- Adage

23. For the opening of the baseball season: "Où est-tu allé, Joe DiMaggio?"

    "Where have you gone, Joe DiMaggio?"
    -- Lyrics of the song "Mrs. Robinson" by Simon and Garfunkel

24. Des millions de Français portent un brin de muguet, porte-bonheur, le premier mai, fête du muguet et du travail.

25. "Et qu'est-ce qui est aussi rare qu'une journée de juin?"

    "And what is so rare as a day in June?"
    -- James Russell Lowell, "The Vision of Sir Launfal"

Compound nouns: verb and noun-object

1. "On vend des porte-plume, des presse-papiers, des protège-cahiers ... à l'effigie du Maréchal." -- Henri Amouroux, Quatre Ans d'histoire de France

2. "L'amour est un quitte-raison, un quitte-sommeil, un quitte-fortune, un quitte-cheveux." -- Agustín Moreto y Cabaña, Dédain pour dédain

3. Quel crève-coeur ça devait être pour le superstitieux garde-port d'avoir perdu le porte-bonheur que Céleste lui avait donné avant son départ pour le front!

4. Je me demande comment ma camarade de chambre pourrait survivre sans mon tourne-disque, mon grille-pain, mon sèche-cheveux, mes essuie-mains, mes serre-tête et mes tire-lignes.

5. Edmée, essaie de ne plus servir d'amuse-gueules à ce pique-assiette au pince-nez.

6. Si cet avale-tout ne cesse pas bientôt de dévorer des croque-madame et des croque-monsieur sans nombre, le croque-mort Croquet viendra le chercher avec son corbillard.

7. Gaby, au moment où je partais pour ta boum, mon cher frère m'a donné un vote de confiance. "Prudence, tâche de n'être ni mêle-tout ni casse-pieds ni rabat-joie ni trouble-fête," a-t-il dit.

8. Nathalie, regarde comment tu as mis les garde-nappes! Te faut-il un guide-âne?

9. Ce vieil aide-mécanicien n'a besoin ni d'aide-mémoire ni de pense-bête.

10. On pourrait faire croire à ce gobe-mouches souffre-douleur qu'un vide-poches est un pickpocket; un passe-partout, un cambrioleur; un presse-livres, une imprimerie.

11. Bien que le gratte-papier Gratier ne soit qu'un bouche-trou au bureau, il s'est déjà plaint au patron qu'il n'y a pas de porte-parapluies, qu'il n'y a pas assez de presse-papiers, et que la lame du taille-crayons est émoussée.

12. Ce risque-tout fou fait du rase-mottes après avoir bu plusieurs coups de casse-pattes.

13. Attention, Antoinette, on ne vient pas à un attrape-touristes pour garnir sa garde-robe!

14. Mon mari est un gagne-petit, mais il n'est pas grippe-sou: cette semaine même, il a fait installer pour moi un lave-vaisselle et un vide-ordures.

15. Avec son brûle-gueule à la bouche, grand-papa se relaxe dans son nouveau fauteuil à bascule, la tête contre le repose-tête, les pieds sur le repose-pieds.

16. Maintenant que tu es équipé d'un taille-haies et d'un taille-herbe, au boulot, Jeannot!

17. Hélas! quoique les perce-neige éclosent, je devrai, encore aujourd'hui, utiliser mon chasse-neige!

18. -- René, quel est le gagne-pain de Rémi?
    -- Il est opérateur de remonte-pente en hiver et garde-chasse le reste de l'année.

19. Fourret fourre tout dans son fourre-tout de voyage, y compris un tire-bouchon, un ouvre-bouteilles et un litre de tord-boyaux.

20. Un énorme remue-ménage suivit le remue-méninges du chef.

21. Pourquoi cette garde-malade si maigre prend-elle des coupe-faim?

22. Imagine un peu la colère de Colette quand elle a vu une contravention glissée entre l'essuie-glace et le pare-brise de sa Deuche!

23. A en juger par les autocollants des pare-chocs de cette bagnole, son propriétaire serait le porte-drapeau local des amateurs d'animaux.

24. Tout en étant un casse-cou notoire, Cassard ne participerait jamais à un casse-gueule pareil sans porter un gilet pare-balles.

25. Après avoir travaillé pendant dix heures d'arrache-pied et s'être aventuré dans ce coupe-gorge, le détective Crimet réussit à identifier le coupe-jarret recherché.

26. Ce pauvre traîne-misère passe des heures à faire du lèche-vitrines.

<u>de</u> of possession or dependence

1. Paris est le paradis des femmes
   Le purgatoire des hommes,
   Et l'enfer des chevaux. -- Proverb

2. Fière de sa connaissance de l'anglais, Lulu a lu dans l'original les <u>Ailes de la colombe</u> d'Henry James, le <u>Chien des Baskerville</u> d'Arthur Conan Doyle, la <u>Fin de la parade</u> de Ford Madox Ford et la <u>Mort d'un commis-voyageur</u> d'Arthur Miller.

3. La liste des lectures pour notre cours de littérature américaine comprend la <u>Case de l'oncle Tom</u> d'Harriet Beecher Stowe, l'<u>Envers du paradis</u> de F. Scott Fitzgerald, <u>Enfant du pays</u> de Richard Wright, la <u>Mutinerie du Caine</u> d'Herman Wouk et le <u>Choix de Sophie</u> de William Styron.

4. Pauvre de moi! Avec la chute des feuilles, je dois penser de nouveau à l'horaire des cours, au calendrier des examens et aux règlements sévères de l'administration universitaire.

5. "Le véritable art de la mémoire est l'art de l'attention."

   "The true art of memory is the art of attention." -- Samuel Johnson

6. Les joutes de l'esprit n'ont jamais été une des joies de la vie de Touchet. N'ayant jamais maîtrisé l'art de la conversation, il ne connaît que trop l'esprit de l'escalier. Ce grand blessé des salons est donc devenu un véritable chien du foyer.

7. L'ingénieur des mines trouva la paix de l'âme dès qu'il se fiança à l'employée des postes.

8. Par un curieux coup du destin, le diplômé de l'École de l'Air rencontra la femme de ses rêves, une charmante hôtessse de l'air, sur le Pont des Soupirs à Venise.

9. Le premier mai, fête du muguet et du travail, un Français manque gravement à l'une des règles de la civilité en n'offrant pas un brin de muguet à son entourage.

10. Cet économiste est un bien meilleur clinicien de l'économie que de l'âme: au lieu de parler le langage de l'amour à sa bien-aimée, il lui parle de la crise du logement, du montant de l'impôt, du chiffre des importations, de la balance des paiements et des facteurs de la production.

11. Pour l'amour de Dieu, Alexis, lève-toi! Au printemps de la vie et de l'année, on ne reste pas au pays des rêves jusqu'à dix heures du matin. Profitons du beau soleil de la Méditerranée, écoutons les chants des oiseaux, sentons les fleurs de la saison.

12. D'après la presse du coeur, une supervedette américaine, un bourreau des coeurs légendaire, courtise une star du cinéma français qui, pourtant, ne considère pas cet hommage une bénédiction de Dieu.

13. Pour Casimir, le casanier, la grosse attraction du jour est la lecture des journaux du matin et du soir.

14. Ce mordu du jogging fait plusieurs fois le tour de l'île de la Cité à la naissance du jour.

15. Véra, jeune vérificatrice des comptes, a déjà eu son baptême de feu dans la jungle des affaires.

16. Pauvre de moi! Je mérite un César de la sottise: à l'âge de l'ordinateur, je travaille depuis le lever jusqu'au coucher du soleil sans que la mystique du travail m'ait mis sur le chemin du succès.

17. "Homme du peuple et ouvrier du bâtiment que je suis, je dois toujours être très conscient du coût de la vie," remarque Debatisse.

18. Le président du syndicat harangue le choeur des mécontents à propos des responsabilités complémentaires de l'employeur et de l'employé.

19. La marche du progrès exige-t-elle que je réponde à l'appel du devoir dès le point du jour malgré l'inclémence du temps?

20. Clairvue, le directeur des ventes de la compagnie, comprend parfaitement la loi de l'offre et de la demande.

21. Le Ministre du Commerce prononça un discours lors d'un congrès réunissant les capitaines de l'industrie des transports à propos du rôle du traitement de l'information dans le monde contemporain des affaires.

22. Pour le vieux maire de la commune, survivant de la bataille de Verdun, la fête de l'armistice sera à jamais sacrée.

23. Plusieurs soi-disant seigneurs de la guerre ont visité la salle des armes du musée ce matin.

24. Résistant éminent et vedette de la diplomatie, le comte est compagnon de la Libération et officier de la Légion d'honneur.

25. On n'est pas nommé chevalier de l'ordre de la Jarretière seulement pour avoir fait de bonnes études à l'école du monde et pour avoir observé les règles de la politesse et le code de l'honneur.

26. Puisque "la brièveté est l'âme de l'esprit," je dirai simplement que le plat du jour servi ici à l'heure du dîner est un travestissement de la cuisine française.

27. L'Armée du Salut tiendra une banque du sang dans le sous-sol de la mairie vers la fin du mois.

<u>de</u> preceding a noun complement of another noun

1. Eau-de-vie, eau de mort. -- Proverb

2. Hier soir, le souffleur de verre Verrier vida bien des verres de vin au bar des Mines d'Or. Ce matin, il vide un grand verre de jus de tomate parce qu'il a la gueule de bois.

3. Les Constant veulent faire de Constantin un pianiste de concert, mais il préfère un tabouret de bar à un tabouret de piano.

4. La demoiselle d'honneur est un paquet de nerfs car le garçon d'honneur a renversé une flûte de champagne sur sa robe de dentelle.

5. La nouvelle championne de tennis entre dans la salle de banquet et s'approche de la place d'honneur sous un tonnerre d'applaudissements.

6. Jules, joueur de boules et de tennis de table, serait un objet de risée s'il adoptait le régime d'entraînement d'un joueur de football. Ce serait un remède de cheval.

7. Arrachart, tu mens comme un arracheur de dents en prétendant qu'une rage de dents t'a empêché de quitter ton cabinet de travail pour aller au terrain de golf.

8. Après qu'un bilan de santé eut révélé que l'homme d'affaires Affret avait une maladie de coeur, il mit de côté pour quelques semaines ses clubs de golf et sa raquette de tennis.

9. Le voisin de table du champion de ski est l'agent de publicité de plusieurs ensembles de musiciens de renom.

10. Le chef d'orchestre d'un orchestre de jazz peut bien être un collectionneur de disques de musique de chambre, n'est-ce pas, Passat?

11. Maistre, son maître de piano, qualifie la musique de fond enregistrée de bruit de fond.

12. Que penser d'un moniteur d'auto-école qui se moque des feux de circulation, qui est incapable d'éviter un nid de poule et dont la voiture est devenue un tas de ferraille?

13. Si Valérie continue à conduire sa voiture de rêve comme un pilote d'avion à réaction et à collectionner des contraventions pour excès de vitesse, on lui retirera son permis de conduire.

14. "Si j'ai l'air d'un oiseau de nuit, dit Doiselet, c'est que j'ai passé une nuit d'insomnie. Mon fils a encore démoli une voiture de sport, cette fois sur une rampe d'accès à l'autoroute. Heureusement, sa ceinture de sécurité était attachée et il n'a souffert que d'une blessure d'amour-propre."

15. Elle a un appétit d'oiseau, lui un appétit de crocodile; elle se contenterait d'une ou deux cuisses de grenouille, lui de quatre ou cinq cuisses de poulet.

16. Ayant une faim de loup et seulement un peu d'argent de poche, Pochet commanda une tartine de beurre de cacahuète et un verre de jus d'orange.

17. Chaque fois que Roch propose à Rose de lui offrir un dîner à la Tour d'Argent, il se trouve devant un mur de pierre.

18. Le mari de Mariette a un coeur d'or: pour leurs noces d'argent il lui a offert un collier de perles et un bouquet de boutons de rose.

19. "J'ai vraiment fait un mariage d'amour, soupire Régine. Bien que mon Gabriel travaille comme un galérien, nos ennuis d'argent sont permanents, et notre niveau de vie et notre pouvoir d'achat dérisoires. Tu parles d'une société d'abondance et de consommation!"

20. Ce père et soutien de famille est obligé de mener une vie d'ascète. Il est devenu si maigre qu'une rafale de vent le renverserait.

21. La vie n'est pas un lit de roses pour cette femme de chambre, veuve d'un mineur de charbon et mère de famille: c'est seulement avec le secours du bureau de bienfaisance qu'elle parvient à payer ses notes de gaz et d'électricité.

22. Durant ses rares heures de loisir, ma mère, qui était jardinière d'enfants, nous lisait des contes de fées. Quel précieux souvenir d'enfance!

23. -- Chère enfant, appeler un soupirant "grosse outre de vent" et "tête de mule" n'est pas exactement une déclaration d'amour.
    -- Je le sais, papa, mais j'en ai eu assez de son lessivage de cerveau et de son entêtement de mule.

24. Le jeune homme aux lunettes de soleil et à la veste de sport est toujours un point de mire pour la serveuse à la figure couverte de taches de rousseur.

25. Le capitaine d'industrie en habit de gala est le point de mire de plus d'une chercheuse d'or.

26. Lorsque, sur un coup de tête, le garçon de café fit une demande en mariage à la demoiselle de comptoir, une faiseuse de mariages notoire, elle lui donna une réponse de Normand.

27. N'étant pas une adoratrice du veau d'or, Dora refusa d'accepter la bague de fiançailles que lui offrit ce fanfaron de brasserie aux poches pleines de billets de banque et de chèques de voyage.

28. Sous un nom d'emprunt, une vedette de cinéma, ancienne reine de beauté, passa ses vacances de Noël dans notre village de montagne.

29. L'article de tête de ce célèbre journal de mode traite d'une coiffure de femme créée dans un institut de beauté de province.

30. Yveline, est-ce une illusion d'optique ou portes-tu vraiment des verres de contact?

31. Allez, Allier! On n'organise pas une conférence de presse pour annoncer qu'un ministre a un rhume de cerveau, souffre d'une dent de sagesse ou a glissé sur une peau de banane!

32. Un coup de langue est pire qu'un coup de lance. -- Proverb

33. C'était au moment où l'invétéré casseur de vitres Cassard accusa Poulain d'avoir un coeur de poulet et une âme de laquais qu'éclata cette rixe d'ivrognes.

34. La parole est d'argent, le silence est d'or. -- Proverb

35. Un rideau de fer s'élève entre époux pour qui la parole est d'airain et le silence de plomb.

36. Nicknames of "ferrous" celebrities:

    "La dame de fer" -- "The Iron Lady" -- Margaret Thatcher
    "Le duc de fer" -- "The Iron Duke" -- Arthur Wellesley, First
        Duke of Wellington
    "Le cheval de fer" -- Lou Gehrig

37. "D'acier ou de soie, les chaînes sont toujours des chaînes."
    -- Friedrich von Schiller

38. Le petit Marc a mal à la tête et des crampes d'estomac, lui qui d'ordinaire a des nerfs d'acier et une santé de fer. Serait-ce, par hasard, parce que, aujourd'hui, il se retrouvera dans un fauteuil de dentiste?

39. Il faudrait être un homme de marbre et avoir un coeur de pierre pour voir un malade dans un poumon d'acier et n'en être pas attendri.

40. Cette équipe d'ouvriers vaut son pesant d'or: c'est sous un soleil de plomb qu'ils ont attaché cette immense statue de bronze au bloc de granit.

41. La maîtresse de maison est bien contente que Mélanie, sa femme de ménage, ne ménage pas l'huile de coude en nettoyant le fourneau.

42. Existe-t-il un ornithologue amateur qui ne préfère pas un chant d'oiseau à une chanson d'amour et même à un air d'opéra?

43. La jeunesse est une guirlande de roses, la vieillesse une couronne d'épines. -- Proverb

44. Fiston, on ne peut prétendre au tableau d'honneur si l'on passe son temps autour d'une table de billard et devant une table de jeu.

45. Assez de ta philosophie de cuisine et de ta sociologie de salon, papa! Il est vrai que je n'ai pas le moindre grain d'ambition. Toutefois, pourquoi viser haut si un valet de ferme peut vivre aussi heureux qu'un châtelain?

46. Trois des ouvrages que Marie-Lise a lus récemment pour son cours de littérature comparée sont le <u>Médecin de campagne</u> de Balzac, le <u>Noeud de vipères</u> de Mauriac et la <u>Coupe d'or</u> d'Henry James.

47. Ce cours de biologie est une vraie course d'obstacles: il demande de l'étudiant une faculté d'attention extraordinaire, une patience de fourmi ou de termite, une ténacité et une volonté de fer, une mémoire d'éléphant et des travaux d'Hercule.

48. Je suis dans un état de choc! Encore une fois je n'ai pu répondre à des questions que m'a posées le professeur à l'allure de dictateur et aux yeux de lynx qui me trouve toujours dans sa ligne de feu.

49. Mes erreurs de calcul sont surtout des erreurs d'inattention. Si ça continue, je finirai coupeur de bois plutôt que tailleur de diamants.

50. C'est une grande perte de temps et une tâche de Romain que de corriger les innombrables fautes d'orthographe et de grammaire de cet étudiant de philosophie qui, soit dit en passant, prend Schopenhauer pour une marque de bière.

51. Au mois de juin, à la Faculté de Médecine, l'assistant de laboratoire Spire transpire comme un cheval de course.

52. Selon l'avis figurant sur le tableau d'affichage, les amateurs de jardinage vont se réunir dans la Faculté d'Agriculture.

53. Parole d'honneur, jusqu'ici un esprit de camaraderie modèle règne dans notre foyer d'étudiants. On croirait que nous nous trouvons tous sur la même longueur d'onde et que les usuels facteurs de discorde n'existent pas.

54. En tant que participant en France à un programme d'échange d'étudiants, il vous faudra une carte de séjour et une carte d'étudiant.

French Canadian baseball terminology

There is something to be said in favor of having our students try to identify spontaneously the meanings of baseball terms found in Québecois newspapers. The similarity of a number of these terms to their English equivalents fairly guarantees that even the linguistically untalented will succeed in giving a good account of themselves. And it helps not a little that relatively few American students are unfamiliar with the basic terminology of their country's so-called national pastime. The following list contains a core of baseball terms with which French-speaking Canadians have become intimately familiar since major league baseball entered their country.

abri (m.) -- dugout
accorder un but sur balles -- to walk
adversaire (m.) -- opponent
alignement des frappeurs (m.) -- batting order
amorti (m.) -- bunt
apparence au bâton (f.) -- time at bat
arbitre (m.) -- umpire
arrêt-court (m.) -- shortstop

atteindre un frappeur -- to hit a batter
attrapé (m.) -- catch
attraper -- to catch
attrapeur (m.) -- catcher
au bâton -- at bat
avance (f.) -- lead (off base)
avancer -- to advance (a runner)
avant-champ (m.) -- infield
balle (f.) -- ball, a pitch that is out of the strike zone
balle à effet -- screwball
balle à double-jeu -- double-play ball
balle fausse -- foul ball
balle mouillée -- spitball, spitter
balle papillon -- knuckle ball
balle rapide -- fast ball
bâton (m.) -- bat
battre -- to beat (an opponent)
blanchir -- to shut out
blanchissage (m.) -- shutout
boîte des frappeurs (f.) -- batters' box
bondir -- to bounce, hop
briller à la défensive -- to shine on defense
but (m.) -- base
but sur balles -- walk, base on balls
but volé -- stolen base
casque protecteur du frappeur -- batter's helmet
champ centre (m.) -- center field
champ droit -- right field
champ gauche -- left field
champ extérieur -- outfield
champ intérieur -- infield
championnat (m.) -- pennant, championship
chandelle (f.) -- fly ball
circuit (m.) -- home run
circuit de deux points -- two-run homer
circuits dos à dos -- back-to-back home runs
clôture (f.) -- (outfield) fence
coup sûr -- a (safe) hit
cogner un coup sûr -- to get a hit
commettre une erreur -- to make an error

concéder un but sur balles -- to walk (a batter)
coup de circuit -- home run
coup sacrifice -- sacrifice hit
coureur (m.) -- runner
course au championnat (f.) -- pennant race
coussin (m.) -- bag, base
défensive poreuse -- porous defense
départ (m.) -- (pitcher's) start
dépisteur (m.) -- scout
déposer un amorti -- lay down a bunt
détenir le record pour -- to hold the record for
deuxième but (m.) -- second base, second baseman
dominer la ligue pour -- to lead the league in
dossier de victoires et revers (m.) -- won-lost record
double (m.) -- double
double dispute (f.) -- doubleheader
double-jeu (m.) -- double play
droitier (m.) -- right-handed pitcher
duel de lanceurs (m.) -- pitchers' duel
éclaireur (m.) -- scout
efficace en relève -- effective in relief
effleurer -- to hit a foul tip
égaler le pointage -- to tie the score
élan (m.) -- swing (of bat)
s'élancer -- to swing
en jeu -- in play
enlever -- to take out (a player)
équipe d'étoiles (f.) -- all-star team
équipe locale -- home team
essuyer une défaite -- to lose
établir une nouvelle marque -- to set a new record
feindre un amorti -- to fake a bunt
fiche à vie (f.) -- lifetime record
fiche déficitaire -- losing record
fiche de victoires et revers -- won-loss record
filet d'arrêt (m.) -- backstop
formation (f.) -- lineup
franchir la clôture -- to clear the fence
frapper -- to hit
frapper en lieu sûr -- to hit safely

frappeur (m.) -- hitter
frappeur ambidextre -- switch hitter
frappeur droitier -- right-handed batter
frappeur gaucher -- left-handed batter
frappeur d'urgence -- pinch hitter
frappeur suppléant -- pinch hitter
gagner le championnat -- to win the pennant
gagner un match -- to win a game
gérant (m.) -- manager
glissante (f.) -- slider
grand chélem -- grand slam
grosse manche -- big inning
hors jeu -- out of play
hors-ligne (m.) -- foul ball
inscrire un double-jeu -- to make a double play
inscrire un point -- to score a run
inscrire une victoire -- to chalk up a win
instructeur (m.) -- coach
intercepteur (m.) -- cut-off man
jeu (m.) -- play
jeu serré -- close play
jongler avec une balle -- to juggle a ball
joueur auxiliaire (m.) -- reserve
joueur d'avant-champ -- infielder
joueur le plus utile -- most valuable player
lancer (m.) -- pitch
lancer de réchauffement -- warm-up pitch
lancer puissant -- strong throw
lanceur (m.) -- pitcher
lanceur partant -- starting pitcher
lanceur de relève -- relief pitcher
ligues majeures -- major leagues
ligues mineures -- minor leagues
manche (f.) -- inning
manches lancées -- innings pitched
marbre (m.) -- home plate
marque (f.) -- score
marquer -- to score
marqueur officiel -- official scorer
masque protecteur du receveur -- catcher's mask

match (m.) -- game
match sans point ni coup sûr -- no-hitter
matches complétés -- complete games
mauvais lancer -- wild pitch
mener par une marge de -- to lead by
monticule (m.) -- mound
mordu (m.) -- fan
moyenne au bâton (f.) -- batting average
moyenne de points mérités -- earned run average
occupant (m.) -- man on base
optionnel (m.) -- fielder's choice
partant (m.) -- starting pitcher, starter
partie (f.) -- game
passe (f.) -- walk
piste d'avertissement (f.) -- warning path
plaque du lanceur (f.) -- rubber
point (m.) -- run
pointage (m.) -- score
premier but -- first base, first baseman
prendre une bonne avance -- to take a good lead (off a base)
présences au bâton (f.) -- at bats
prise (f.) -- strike
produire un point -- to score a run
protecteur pour la poitrine (m.) -- chest protector
rapide (f.) -- fast ball
receveur (m.) -- catcher
réchauffement (m.) -- warm-up
rectangle du frappeur (m.) -- batter's box
relais (m.) -- relay
remporter une victoire sur -- to defeat
rencontre (f.) -- game
retirer -- to retire
retrait (m.) -- out
revers (m.) -- loss
roi des circuits (m.) -- home run king
roi des points produits -- runs-batted-in leader
rotation (f.) -- (pitching) rotation
roulant (m.) -- ground ball
se sacrifier -- to sacrifice
sauf -- safe

sentier (m.) -- base path
Série Mondiale -- World Series
simple (m.) -- single
subir une défaite -- to lose
suppléant (m.) -- reserve
surveiller le coureur -- to check the runner
tableau indicateur -- scoreboard
terrain (m.) -- playing field
tir (m.) -- pitch
tir bas -- low pitch
tir haut -- high pitch
tir à l'extérieur -- outside pitch
tir à l'intérieur -- inside pitch
tour de circuit (m.) -- home run
tour de rôle au bâton -- turn at bat
tourner un double-jeu -- to turn a double play
tribune (f.) -- grandstand
triple (m.) -- triple
troisième but (m.) -- third base, third baseman
visiteurs (m.) -- visiting team
vol (m.) --steal, stolen base
voler un but -- to steal a base
voleur de buts (m.) -- base stealer
voltigeur (m.) -- outfielder
voltigeur de centre -- center fielder
voltigeur de droite -- right fielder
voltigeur de gauche -- left fielder
zone des prises (f.) -- strike zone

French names of dogs and cats

Few observers of the French scene would be surprised at reading in the November 1987 issue of <u>France Today</u> that a third of French households have a dog, and a quarter of them have a cat, with some nine million dogs and seven million cats inhabiting the land. With dogs and cats so visible on the French landscape, why, it may be asked, have American-published high school and college French grammars been virtually canine and feline-proof? Why indeed may untold numbers of students study French for years without coming upon a single name of a dog or cat? If the dogs and cats of France could speak, surely they would utter a collective <u>cri de coeur</u> and protest that they have been cruelly abandoned, since a true slice of French life should make room, albeit not a great amount of room, for them.

It is apparent that the teaching of the imperative lends itself especially well to the entry of dog-associated items. But because dogs eat, sleep, rest and do a lot of other things that humans do, a large number of other linguistic areas are also susceptible of enrichment by the use of such items. To state the obvious, cats, for their part, can be trained to respond to but very few commands. Thus, teachers and authors of grammars would have to involve students with far more talk about cats than with giving them commands. However, the possibilities for the meaningful contextual use of cat-related grammatical and lexical items are numerous, with a goodly number of them having to do with the playful nature of a cat, its attraction to moving objects, its hunting instinct, its love of milk and fish, and its need of an extraordinary amount of sleep.

Teachers may wish to use some of the French names of dogs and cats listed here below. I have become familiar with most of these names in my readings, with others by hearing or seeing them in France, and with others still by consultation with French colleagues and friends. The names in parentheses are those of well-known persons who have, or have had, a dog or cat with the corresponding name.

Dogs: Alex
        Annibal (Julien Green)
        Babar
        Babette (Paul Léautaud)
        Barry
        Bibi
        Bichonne
        Bobonne
        Bouboule
        Briffaut
        Castor
        César
        Chipette
        Cigarette (Albert Camus)
        Coco
        Dingo
        Duc
        Duchesse
        Faraud
        Fifi
        Filou
        Finaud
        Floc (The Michel Gallimards' dog. Survived the car
            accident in which Camus was killed.)
        Follette (Beaumarchais)
        Fourrure (André Malraux)
        Gribouille
        Joli
        Jolie
        Kiki
        Kiss
        Kouky
        Léo
        Loute
        Manette
        Max
        Médor
        Mignonne
        Milou
        Miquette (Marshal Philippe Pétain)

Miraut
Mitzi
Mou (Benjamin Constant)
Mouky
Muphti
Noiraud
Papillon
Pax
Picard (Paul Guth)
Pierrot
Pitou
Plongeon
Pollux
Polo
Poucette (Colette)
Prince
Princesse
Ramsès
Ravaud
Ric
Riquet
Rouille
Scotch
Toby (André Gide)
Tom
Toto
Toutouque
Vanille
Voyou
Whisky
Zéphyr

Cats: Annibal
Bébert (Louis-Ferdinand Céline)
Belote (Brigitte Bardot)
Bibi
Bigri (Paul Léautaud)
Blanchette
Boule (Léautaud)

Casimir
Céleste
Chéri
Chérie
Chocolat
Enjolras (Théophile Gautier)
Éponine (Gautier)
Fanfan
Félix
Fifi
Gavroche (Gautier)
Kiki
Mimi
Minet
Minette
Mini
Minoche
Minou
Mistigri
Monoche
Moustache
Mysouf (Alexandre Dumas père)
Nanotte
Neige
Noiraud
Pierrot (Gautier)
Pitou
Pouf
Poum
Poupette (Jean Giraudoux)
Princesse
Riquet
Saha
Sara (Camus)
Séraphita (Gautier)
Sinette
Tigre
Tom
Tonton
X

French titles of books written in English

Students enjoy attempting to identify the English titles of literary and other works and their authors from the titles of their French versions. Some of the titles that may be used are the following:

1. Beaucoup de bruit pour rien
   Much Ado about Nothing, William Shakespeare

2. Comme il vous plaira
   As You Like It, Ibid.

3. Les Joyeuses Commères de Windsor
   The Merry Wives of Windsor, Ibid.

4. La Mégère apprivoisée
   Taming of the Shrew, Ibid.

5. Le Conte d'hiver
   The Winter's Tale, Ibid.

6. Les Grandes Espérances
   Great Expectations, Charles Dickens

7. La Lettre écarlate
   The Scarlet Letter, Nathaniel Hawthorne

8. Alice au pays des merveilles
   Alice in Wonderland, Lewis Carroll

9. La Case de l'oncle Tom
   Uncle Tom's Cabin, Harriet Beecher Stowe

10. Loin de la foule déchaînée
    Far from the Madding Crowd, Thomas Hardy

11. La Coupe d'or
    The Golden Bowl, Henry James

12. Feuilles d'herbe
    Leaves of Grass, Walt Whitman

13. L'Insigne rouge du courage
    The Red Badge of Courage, Stephen Crane

14. Le Marchand de glace est passé
    The Iceman Cometh, Eugene O'Neill

15. Long Voyage vers la nuit
    Long Day's Journey into Night, Ibid.

16. Désir sous les ormes
    Desire under the Elms, Ibid.

17. Le Singe velu
    The Hairy Ape, Ibid.

18. Le Deuil sied à Électre
    Mourning Becomes Electra, Ibid.

19. L'Envers du paradis
    This Side of Paradise, F. Scott Fitzgerald

20. Gatsby le Magnifique
    The Great Gatsby, Ibid.

21. Le Faucon de Malte
    The Maltese Falcon, Dashiell Hammett

117

34. La Chatte sur un toit brûlant
    Cat on a Hot Tin Roof, Ibid.

35, Arsenic et vieilles dentelles
    Arsenic and Old Lace, Ibid.

36. La Rose tatouée
    The Rose Tattoo, Ibid.

37. La Mort d'un commis-voyageur
    Death of a Salesman, Arthur Miller

38. Sa Majesté des mouches
    Lord of the Flies, William Golding

39. Qui a peur de Virginie Woolf?
    Who's Afraid of Virginia Woolf?, Edward Albee

40. Le Matin se fait attendre
    Never Comes Morning, Nelson Algren

41. Enfant du pays
    Native Son, Richard Wright

42. Homme invisible, pour qui chantes-tu?
    Invisible Man, Ralph Ellison

43. Que l'ange regarde de ce côté
    Look Homeward, Angel, Thomas Wolfe

44. Autant en emporte le vent
    Gone with the Wind, Margaret Mitchell

45. Vous ne l'emporterez pas avec vous
    You Can't Take It with You, Moss Hart and George
    Kaufman

46. Une Cloche pour Adano
    A Bell for Adano, John Hersey

47. Les Nus et les Morts
    The Naked and the Dead, Norman Mailer

48. Tant qu'il y aura des hommes
    From Here to Eternity, James Jones

49. Les Braves Gens ne courent pas les rues
    A Good Man Is Hard to Find, Flannery O'Connor

50. Le Coeur est un chasseur solitaire
    The Heart Is a Lonely Hunter, Carson McCullers

51. La Fête annuelle de l'hospice
    The Poorhouse Fair, John Updike

52. L'Homme au complet gris
    The Man in the Gray Flannel Suit, Sloan Wilson

53. L'Attrape-coeurs
    Catcher in the Rye, J.D. Salinger

54. Sur la route
    On the Road, Jack Kerouac

55. Les Souterrains
    The Subterraneans, Ibid.

56. Le Vilain Américain
    The Ugly American, William Lederer

119

Inviting flights of fancy with quotations and proverbs

It would appear that two promising instructional devices have not made anything like the entry into French language classrooms that they merit: having students attempt to complete in their original form unfamiliar quotations that are not fully visible to them and having them create personalized proverbs utilizing elements of existent ones. This may be done orally or in writing, with oral utterances having a clear advantage since this conduces to far more good-natured ribbing and humor than is engendered of a teacher's familiarizing a class in a subsequent session with a diversity of interesting written responses. Insofar as the creation of personalized proverbs is concerned, it is not only the gifted learner who appreciates having the chance to launch creative flights of his or her imagination. The jesters, the staid and serious, the rosy optimists and dark pessimists, the subverters of elders' values, the preachers of irreverence and the apologists of social order and personal discipline are all afforded an opportunity to champion their values, even to grind their personal axes. With few exceptions, they seize it quite willingly, in the meantime learning some language in a pleasant way.

Here below are some quotations that may be used with students of French at the intermediate and advanced levels. In a few cases I have listed some of the completions made by my own students. The underlined words are those that would not be made visible or audible to students.

1. "Je ne demande qu'une chose: gagner assez de pain pour en donner aux oiseaux." -- Jules Renard, Journal
   a. des sandwiches.
   b. mon dîner.
   c. ne pas mourir de faim.
   d. passer tout mon temps à la plage.
   e. nourrir ma famille et mes amis.

2. "On ne peut distinguer le fils d'un millionnaire de celui d'un milliardaire."

"You can't tell a millionaire's son from a billionaire's." -- Vance Packard, Les Obsédés du standing (The Status Seekers)

    a. d'un pauvre
    b. d'un mendiant
    c. d'un bon tailleur

3. "La première chose que je regarde chez un homme c'est s'il me regarde." -- Mlle Une Telle

    a. est beau.
    b. a les yeux bleus.
    c. est à l'aise.
    d. se porte bien.
    e. porte une alliance au doigt.

4. "Les enfants ont plus besoin de modèles que de critiques." -- Joseph Joubert

amour, affection, attention, protection, éloges, compliments, conseils, discipline, baisers, amis, argent

5. "L'homme n'est pas fait pour le travail, et la meilleure preuve c'est que cela le fatigue." -- Tristan Bernard, Journal

6. "Les grands mangeurs et les grands dormeurs sont incapables de quelque chose de grand." -- Henri IV

7. "Ceux qui s'appliquent trop aux petites femmes deviennent rapidement incapables de grandes choses." -- Georges-Armand Masson, L'Art d'accommoder les classiques

8. "Le cerveau: un appareil avec lequel nous pensons que nous pensons."

"Brain: an apparatus with which we think that we think." -- Ambrose Bierce, Le Dictionnaire du diable (The Devil's Dictionary)

9. "Depuis que le monde est monde, il n'y a jamais eu d'homme étranglé par une femme pour lui avoir dit qu'il l'aimait." -- Jean-Pierre Florian, Le Bon Père

10. "Ne jette pas la pierre à une femme, si ce n'est pas une pierre précieuse." -- Aminado, Pointes de feu

11. "Les cadeaux sont comme les conseils; ils font plaisir surtout à ceux qui les donnent." -- Édouard Herriot, Notes et Maximes

12. "Les seules gens qui dépensent de l'argent en France sont ceux qui n'en ont pas." -- Alphonse Karr, Les Guêpes

13. "Aucune poussière n'affecte les yeux autant que la poudre d'or."

    "No dust affects the eyes like gold dust." -- Marguerite Blessington

14. "Le tango: on ne voit que des figures qui s'ennuient et des derrières qui s'amusent." -- Georges Clemenceau

15. "Un juge disait naïvement à quelques-uns de ses amis: 'Nous avons aujourd'hui condamné trois hommes à mort; il y en avait deux qui le méritaient bien.'" -- Chamfort, Caractères et Anecdotes

16. "Je reproche à Shakespeare de ne pas savoir le français." -- Jules Renard, Journal

17. "Ne parlez pas de vous-même, on le fera quand vous serez parti."

    "Don't talk about yourself; it will be done when you leave." -- Wilson Mizner

18. "Cette vie est un hôpital où chaque malade est possédé du désir de changer de lit." -- Charles Baudelaire, "Anywhere Out of the World"

19. "Si j'avais à revivre, je serais cordonnier."

"If I were to live my life over, I would be a shoemaker."
-- John Adams

20. "Nous serions tous parfaits, si nous n'étions ni hommes ni femmes." -- Chamfort, Caractères et Anecdotes

Here below are proverbs that lend themselves to use in intermediate and advanced courses. In several instances I have, with minor emendations, listed some of the personalized proverbs produced by my students. They had been instructed to create such proverbs while retaining some of the verbal and philosophical elements of the original ones.

1. Il ne faut pas réveiller le chat qui dort.

Let sleeping dogs lie.

    a. Il ne faut pas réveiller les étudiants qui dorment.
    b. Il ne faut pas réveiller le bébé qui dort.
    c. Il ne faut pas réveiller la mère qui dort.
    d. Il ne faut pas réveiller le lion qui dort.

2. Aide-toi, et le ciel t'aidera.

Heaven helps those who help themselves.

    a. Aide-toi, puis aide-moi!
    b. Aide-toi, personne d'autre ne le fera.
    c. Aide-moi, mes parents t'en remercieront.
    d. Aide le ciel, et il t'aidera. (Compare: "Aidez-moi, j'aiderai le ciel." -- Jacques Rigaut, Écrits)

3. Qui aime bien châtie bien.

Spare the rod and spoil the child.

    a. Qui châtie bien aime bien.
    b. Qui aime le plus châtie le plus mal.
    c. Qui aime bien aime bien.
    d. Qui m'aime choisit bien.

4. Qui veut peut.

Where there's a will there's a way.

    a. Qui peut veut.
    b. Qui ne veut pas ne peut pas.
    c. Qui ne peut pas ne veut pas.

5. On connaît ses amis au besoin.

A friend in need is a friend indeed.

    a. On connaît ses ennemis au besoin.
    b. On connaît ses enfants au besoin.
    c. Un ami au besoin est un casse-pieds.
    d. Un ami au besoin tape sur le système.

6. Qui m'aime, aime mon chien.

Love me, love my dog.

7. Il vaut mieux donner que recevoir.

It is better to give than to receive.

8. Tout ce qui brille n'est pas or.

All that glitters is not gold.

9. Qui épouse la veuve épouse les dettes.

The good and the bad go hand in hand.

10. Qui vivra verra.

Time will tell.

11. Loin des yeux, loin du coeur.

Out of sight out of mind.

12. Quand on parle du loup, on en voit la queue.

Speak of the devil and he appears.

13. Qui se ressemble, s'assemble.

Birds of a feather flock together.

125

14. Plus on est de fous, plus on rit.
    The more the merrier.

15. Qui a bu boira.
    Once a thief always a thief.

16. Il vaut mieux aller au boulanger qu'au médecin.
    An ounce of prevention is worth a pound of care.

17. Qui ne dit rien consent.
    Silence gives consent.

18. Il n'est pire eau que l'eau qui dort.
    Still water runs deep.

19. Ne vendez pas la peau de l'ours avant de l'avoir tué.
    Don't count your chickens before they're hatched.

20. Vent au visage rend un homme sage.
    Adversity brings wisdom.

Motivational themes for the day or week

Proverbs:

1. On n'est jamais si bien servi que par soi-même.

2. Aide-toi, et le ciel t'aidera.

3. Demande au ciel une bonne récolte et continue à labourer.

4. Fais ce que tu dois, advienne que pourra.

5. Qui a fait ce qu'il pouvait, a fait ce qu'il devait.

6.   À coeur vaillant rien d'impossible.

7.   À l'impossible nul n'est tenu.

8.   Vouloir, c'est pouvoir.

9.   Qui veut peut.

10.   Qui veut la fin, veut les moyens.

11.   Il faut casser le noyau pour avoir l'amande.

12.   Nul bien sans peine.

13.   Nul pain sans peine.

14.   Ce qui vient sans peine, s'en va de même.

15.   Qui peu endure, peu dure.

16.   Tout vient à point à qui sait attendre.

17.   Rome ne s'est pas faite en un jour.

18.   Paris ne s'est pas fait en un jour.

19.   Petit à petit, l'oiseau fait son nid.

20.   C'est en forgeant qu'on devient forgeron.

21.   Ce qui vaut la peine d'être fait vaut la peine d'être bien fait.

22.   Trop de hâte gâte tout.

23.   Rien ne sert de courir, il faut partir à point.

24.   Par la rue "Plus tard" on arrive à la place "Jamais."

25.   Un de ces jours c'est aucun de ces jours.

26.   Du dire au faire, il y a au milieu la mer.

27.   L'oisiveté est la mère de tous les vices.

28. Les mauvais ouvriers ont toujours de mauvais outils.

29. Comme on fait son lit, on se couche.

30. Qui sème le vent récolte la tempête.

31. Ce que vous ignorez peut vous nuire.

32. Savoir, c'est pouvoir.

33. Vivez pour apprendre et apprenez à vivre.

34. Vivre, c'est penser.

35. Parler sans penser, c'est tirer sans viser.

36. Un homme n'est pas bon à tout, mais il n'est jamais propre à rien.

37. Au royaume de l'espoir, il n'y a pas d'hiver.

38. Qui a peur de demander a honte d'apprendre.

39. Il ne faut pas cacher la lumière sous le boisseau.

40. Il n'est pire sourd que celui qui ne veut pas entendre.

Quotations, etc.

1. "Tout homme a deux patries, la sienne et puis la France."
   -- Henri de Bornier

2. "Un homme qui sait quatre langues vaut quatre hommes."
   -- Germaine de Staël

3. "La culture ne s'hérite pas; elle se conquiert." -- André Malraux

4. "Les mots sont les ambassadeurs de l'âme."
   "Words are the soul's ambassadors." -- James Howell

5. "Le langage est l'habit de la pensée."
   "Language is the dress of thought." -- Samuel Johnson

6. "Le style est l'homme même." -- Georges-Louis Leclerc de Buffon

7. "Lire sans réfléchir, c'est manger sans digérer."

   "To read without reflecting is like eating without digesting."
   -- Edmund Burke

8. "Le sot se demande, mais le sage demande."

   "The fool wonders, but the wise man asks." -- Benjamin Disraeli

9. "Aucun homme n'est vraiment sot tant qu'il pose des questions."

   "No man really becomes a fool until he stops asking questions." -- Charles Steinmetz

10. "Le vrai art de la mémoire est l'art de l'attention."

    "The true art of memory is the art of attention." -- Samuel Johnson

11. "La patience est la compagne de la sagesse." -- St. Augustin

12. "Errer est humain, pardonner est divin."
    "To err is human, to forgive, divine." -- Alexander Pope

13. "Errer est humain, persévérer dans l'erreur est diabolique."
    "Errare humanum est, perseverare diabolicum."
    -- Adage of Scholastic philosophers and theologians

14. "J'apprends encore." -- Motto of Michelangelo

15. "Savoir, penser, rêver. Tout est là." -- Victor Hugo

16. "Étudiez comme si vous deviez vivre toujours; vivez comme si vous deviez mourir demain." -- St. Isadore

17. "Travailler, c'est vivre." -- Voltaire

18. "Le travail éloigne de nous trois grands maux: l'ennui, le vice et le besoin."   -- Ibid.

19. "Il faut cultiver notre jardin." -- Ibid.

20. "Plus on travaille, mieux on travaille, et plus on veut travailler." -- Charles Baudelaire

21. "Le fruit du travail est le plus doux des plaisirs." -- Vauvenargues

22. "Trouver son plaisir dans l'effort même, c'est le secret de mon bonheur." -- André Gide

23. "Il n'y a pas d'efforts inutiles, Sisyphe se faisait les muscles." -- Roger Caillois

24. "Rien de grand n'a jamais été accompli sans enthousiasme."

    "Nothing great was ever achieved without enthusiasm." --Ralph Waldo Emerson

25. "Rien de grand ne se fait sans chimères." -- Ernest Renan

26. "On ne s'ennuie jamais à faire de grandes choses." -- Honoré de Balzac

27. "La récompense d'une chose bien faite, c'est de l'avoir faite." -- Sénèque

28. "Quand on gagne, rien ne blesse."

    "When you win, nothing hurts." -- Joe Namath

29. "Le dire est autre chose que le faire." -- Michel de Montaigne

30. "Les paresseux ont toujours envie de faire quelque chose." -- Vauvenargues

31. "On n'est jamais si bien asservi que par soi-même." -- Gilbert Cesbron

32. "Nul malheur n'est égal au temps que l'on a perdu."
    -- Michelangelo

33. "Le temps perdu ne se retrouve jamais."
    "Lost time is never found again." -- Benjamin Franklin

34. "Renard qui dort n'attrape pas volaille."
    "The sleeping fox catches no poultry." -- Benjamin Franklin

35. "Tout n'est pas qu'une partie de plaisir en ce monde."
    "Life is not all beer and skittles." -- Thomas Hughes

36. "Nous forgeons les chaînes que nous portons dans la vie."
    "We forge the chains we wear in life." -- Charles Dickens

37. "Ceux qui vivent sont ceux qui luttent." -- Title of a poem by Victor Hugo

38. "Il vient un temps où il faut choisir entre la contemplation et l'action. Cela s'appelle devenir un homme." -- Albert Camus

39. "Il n'est jamais trop tard pour être ce que vous auriez pu être."
    "It's never too late to be what you might have been."
    -- George Eliot

40. "Tu dois devenir l'homme que tu es." -- Friedrich Nietzsche

41. "Être homme, c'est précisément être responsable." -- Antoine de Saint-Exupéry

42. "Après tout, j'ai fait ce que j'ai pu." -- Paul Valéry on his deathbed

43. "La plus grande étendue de territoire non exploitée est sous le chapeau de l'homme."

"The greatest area of underdeveloped territory is under men's hats." -- Anonymous

44. "Abe Lincoln n'a pas perdu son temps à regarder la télé."

"Abe Lincoln didn't waste his time watching T.V." -- Graffiti

Nicknames

The list of French nicknames here below was compiled to compensate in modest measure for the rarity of their appearance in French grammars published in the United States.

Bébert: Albert, Robert
Béné: Bénédicte
Caton, Cathy: Catherine
Cloclo: Clotilde
Dédé: André, Désiré
Dom, Domi: Dominique
Fifi, Fifine, Finette: Joséphine
Fifi: Philippe
Frédé, Freddy: Frédéric
Gigi: Ginette
Gillou: Gilles
Gus: Auguste, Augustin
Isa: Isabelle
Jacquot: Jacques
Jeannot: Jean
Jo, Jojo: Joseph, Joséphine, Georges, Georgette
Kiki: Christine
Léo: Léon, Léonie
Lili, Loulou, Louison: Louise
Lolotte, Loloth: Charlotte
Lulu: Lucien, Lucienne
Margot: Marguerite
Michot: Michel

Mimi: Émilie, Michèle
Mimile: Émile
Nanette: Jeannette
Nénée: Renée
Nénesse: Ernest
Nico: Nicolas
Paupol, Popol: Paul
Pierrot: Pierre
Riton: Henri
Suzie: Suzanne
Théo: Théodore, Théophile
Toinette: Antoinette
Zé, Zette: Élisabeth, Lisette

Reduplications, sound-alikes, etc.

1. "L'expert, c'est celui qui sait de plus en plus sur de moins en moins."

   "An expert is one who knows more and more about less and less." -- Nicholas Murray Butler

2. Tout passe, tout casse. -- Proverb

3.   (Toc toc!)
   -- Qui est là?
   -- Ton tonton qui vient faire un trictrac.
   -- Taratata! Mon tonton, mon oeil! Je devine vos micmacs, monsieur. Fichez-moi le camp, et dare-dare!

4. Jour après jour et de plus en plus, Aimé et Aimée se promènent bras dessus bras dessous.

5. Célestin et Céleste, nounou perd patience! Si vous continuez à mettre la maison sens dessus dessous, elle prendra ses cliques et ses claques et partira.

6. Les Delaporte habitent porte à porte avec un type qui fait du porte à porte.

7. Que penser d'un vaurien paresseux qui, jour après jour et semaine après semaine, se lève à midi et ne fait rien, mais rien de rien?

8. Pierre et Pierrette bâtissent pierre à pierre un chenil pour leurs chiens-chiens.

9. "Ma vieille bobonne a bon pied, bon oeil," dit Bonnefoy.

10. Maintes et maintes fois, Mimi, la maman de Nani et de Nénée, les gronde pour avoir jeté leurs joujoux pêle-mêle.

11. L'instituteur ne me chouchoute pas. Il me reproche de faire faute sur faute, de ne savoir rien de rien, et de ne comprendre rien à rien.

12. Ce dur de dur a fait plus d'un fric-frac.

13. Il fallait, bon gré mal gré, relire cet accord mot à mot, de bout en bout et en considérer les clauses une par une.

14. Vrai de vrai, Noël et Noëlle s'extasient sur le couscous qu'ils mangent, jour après jour, dans ce boui-boui.

15. Quinquin préfère le coin-coin des canards et le cri-cri des grillons à la musique d'un crincrin.

16. Dans les années soixante, on a appris tôt ou tard qu'il y avait yé-yé et yé-yé: quand un yé-yé qui connaissait Kiki lui a dit qu'il aimait bien les flonflons d'un bal villageois, elle en est restée baba.

17. Ce zèbre est toujours entre le zist et le zest: pour lui tout est kif-kif, tout est bonnet blanc et blanc bonnet.

18. Tiens, tiens! Voilà Jojo et Gigi en tête-à-tête amoureux, assis sur le tête-à-tête du salon.

19. Magnard et Magnan sont gnangnan.

20. Bobonne, il faut que je parle seul à seul à Dédé. Sais-tu qu'il a vidé la tire-lire de mémé et qu'il a ensuite dégringolé l'escalier quatre à quatre?

21. Le bébé Bobo a des joujoux à gogo.

22. Fais dodo, Bobo. Tu vois, ton toutou Fifi, lui, fait déjà dodo.

23. Mon chien Polo a fait bobo à Popol.

24. Oh là là! Le beau Beaubeau et Belle Labelle se promènent côte à côte, la main dans la main.

25. Tintin! Je ne jouerai plus jamais à cache-cache avec ces titis qui cancannent sur moi et sur Gégé.

26. -- Jojo, qu'est-ce que c'est que ce zinzin?
    -- C'est un yo-yo, Cloclo.

27. Bobo Bobot abhorre le rococo.

28. En disant abracadabra, le pépé de Noé et de Noémie fait des tours de passe-passe pour les amuser.

29. Honoré Honore garde-t-il son hors-bord à Bains-les-Bains? (Vosges)

30. Fanfan Glinglin raffole des chansons yé-yés.

31. Béné a peu de respect pour ce béni-oui-oui du Puy. (Haute-Loire)

32. Nous faisons tintin de tout, comptons sou à sou, vivons au jour le jour et nous sentons tour à tour déprimés et désespérés.

33. Nuit après nuit, Bébert zigzague de zinc en zinc, mais ni vu ni connu, Ninette.

34. Lili, connais-tu Nono, le zozo tout-fou?

35. Tant de blablabla parce que Loulou reçoit en grand tralala!

36. Lulu, on ne donne pas de baba à un bébé!

37. La meunière Meunier regarde les scouts passer à la queue leu leu.

38. À Marseille, le maharajah fut ébahi par le brouhaha et le tohu-bohu de la Cannebière.

39. "Zut, zut et zut!" s'exclama le jeune Lejeune en entendant sa très vieille Peugeot faire des teufs-teufs inaccoutumés.

40. Un clochard, un vrai de vrai, descendait clopin-clopant la rue de la Cloche.

41. Eustache Tachard, Fleur Fleury et Félicité Félix vantent à qui mieux mieux leur chaîne hi-fi.

42. -- Fifine, Fifi a encore fait pipi sur le tapis!
-- Là, là, calme-toi, papa! Pas de prêchi-prêcha. Fifi n'est pas un Rin Tin Tin irréprochable.

43. Tiens, tiens! Lili a un nouveau bibi et Lulu un nouveau tutu.

44. Bonté divine! Quand donc cette m'as-tu vue cessera-t-elle de faire des flaflas?

Substituting names for pronoun subjects

A salutary effect is often produced by pairing French male and female first names to replace the pronoun <u>ils</u> in doing textbook exercises and in conducting verb drills. This is especially desirable when introducing the function of <u>ils</u> as referring to a combined group of males and females. As the partial list here below bears out, the French language suffers from no dearth of easily paired given names.

Adrien et Adrienne
Albert et Albertine
Alphonse et Alphonsine
Antoine et Antoinette
Bernard et Bernadette

Célestin et Célestine/Céleste
Charles et Charlotte
Christian et Christiane
Claude et Claudette
Clément et Clémentine
Constantin et Constantine
Daniel et Danièle/Danielle
Denis et Denise
Émile et Émilie
Eugène et Eugénie
Félix et Félicité
François et Françoise
Gabriel et Gabrielle
Georges et Georgette
Germain et Germaine
Gilbert et Gilberte
Henri et Henriette
Hugues et Huguette
Irénée et Irène
Jacques et Jacqueline
Jean et Jeanne
Joël et Joëlle
Joseph et Joséphine
Jules et Julie
Justin et Justine
Laurent et Laure/Laurence
Louis et Louise
Luc et Lucie
Lucien et Lucienne
Martin et Martine
Maurice et Mauricette
Michel et Michèle/Michelle
Nicolas et Nicole
Noël et Noëlle
Octave et Octavie
Olivier et Olive
Paul et Paule/Paulette
Pierre et Pierrette
Raymond et Raymonde
Robert et Roberte

Roland et Rolande
Simon et Simone
Stéphane et Stéphanie
Sylvain et Sylvaine/Sylvie
Thomas et Thomasine
Valentin et Valentine
Valère et Valérie
Victor et Victorine
Yves et Yvette
Yvon et Yvonne

Obviously, the possibilities are limitless for substituting names of various sorts for plural subject pronouns. Doing so not only varies the fare but may well also give rise to mild humor. A sampling of possible substitutions:

ils (mixed pairs):

Adam et Ève
Samson et Dalila
Antoine et Cléopâtre
Abélard et Héloïse
Tristan et Iseut
Dante et Béatrice
Bonaparte et Joséphine
Jean-Paul et Simone
William et Mary
Jack et Jill
Tarzan et Jane
Bonnie et Clyde

ils (males):

Caïn et Abel
Matthieu, Marc, Luc et Jean
Salomon et Socrate
Attila le Hun et Ivan le Terrible

André Citroën, Armand Peugeot et Louis Renault
Henry Ford et Lee Iococca
Barnum et Bailey
Groucho, Harpo et Chico
Hart, Schaffner et Marx
Bartles et Jaymes
Wynken, Blynken et Nod
Dopey, Happy, Sneezy, Bashful, Grumpy, Sleepy et Doc

<u>elles</u>:

Nancy et Raisa
Oprah et Sally Jessy
Chris et Martina
Gigi, Kiki et Mimi
Marguerite, Rose et Violette
Flore, Fleur et Florette
Daisy, Myrtle et Violet
Opal, Pearl et Ruby
April, May et June
Faith et Charity

INDEX

ABOUT THE AUTHOR

Chester W. Obuchowski is Professor of French at the University of Connecticut, of whose faculty he has been a member throughout his professional career. He received his A.B. and M.A. degrees from Fordham University and his Ph.D. from Yale University. He served as secretary-treasurer, vice president and president of the Connecticut Chapter, American Association of Teachers of French. He was for sixteen years a member of the State of Connecticut Advisory Committee on Foreign Language Instruction. During World War II he served as an interpreter of French with Supreme Headquarters, Allied Expeditionary Forces. His book, <u>The Franco-File: Several Thousand Items for the Enrichment of French Lessons</u>, was published by the University Press of America in 1987.